Das Pflege-Set

Antrag auf Pflegegrad
Pflegeprotokoll
Pflegezeit
Patientenverfügung

Stiftung Warentest

Eugénie Zobel

Inhalt

Sie können die Formulare auch kostenlos online ausfüllen. Den Link und einen QR-Code finden Sie auf Seite 113.

Die wichtigsten Schritte

Was tun, wenn Pflege nötig wird? Die Schritt-für-Schritt-Anleitung hilft Ihnen dabei, die Formalitäten zügig zu erledigen.

Egal, ob ein Angehöriger plötzlich und unerwartet Pflege benötigt oder ob der Pflegebedarf schleichend entsteht – so richtig darauf vorbereitet sind wohl die wenigsten. Um die eigenen Kräfte zu schonen, ist es sinnvoll, wenn Sie sich schnell um Hilfe kümmern: sowohl, was die Pflege als solche betrifft, als auch in finanzieller Hinsicht.

Allein muss sich niemand durch die Formalitäten, Anträge und Termine kämpfen. Es gibt zahlreiche Hilfs- und Beratungsangebote, beispielsweise von den Pflegekassen, den Verbraucherzentralen und der Unabhängigen Patientenberatung (siehe S. 12).

Ob mit oder ohne Beratung – folgende Schritte sollten Sie beachten:

1 Ermitteln Sie den persönlichen Pflegebedarf Ihres Angehörigen.
Zuerst sollten Sie sich einen Eindruck davon verschaffen, wie umfangreich der Pflegebedarf ist. Je nach Lage der Dinge kann die Pflege eine Betreuung rund um die Uhr erforderlich machen, zum Beispiel bei einer schweren Demenz. Manchmal reicht es aber auch schon, wenn Ihr Angehöriger im Alltag stundenweise betreut wird, etwa weil er aufgrund seines hohen Alters nicht mehr in allen Lebenslagen für sich selbst sorgen kann.

Listen Sie für sich auf, bei welchen Tätigkeiten der Pflegebedürftige Hilfe braucht, zum Beispiel beim Anziehen am Morgen und am Abend, beim Einnehmen von Medikamenten, beim Kochen, Einkaufen oder eben rund um die Uhr. Unser Pflegeprotokoll im Formularteil (S. 113) hilft Ihnen dabei. Sie können auch versuchen, den Pflegebedarf mit Rechnern im Internet vorab zu schätzen. Dort tragen Sie ein, in welchen Situationen Hilfe nötig ist und was der Betroffene noch selbst erledigen kann. Einige Kassen bieten diesen Service. Vom Pflegebedarf hängt ab, in welchen der fünf Pflegegrade jemand eingestuft wird (siehe Schritt 3).

2 Entscheiden Sie, welche Form der Versorgung am besten geeignet ist.
Eine der schwierigsten Fragen lautet: Wie soll die benötigte Pflege genau aussehen? Und vor allem: Kann sie noch zu Hause geleistet werden, oder wird ein Umzug in ein Pflegeheim oder eine ähnliche stationäre Einrichtung nötig sein? Bei dieser Frage geht es nicht mehr nur um Fakten – was erledigt Ihr Angehöriger noch selbstständig, was kann er nicht mehr –, sondern auch um Gefühle: zum Beispiel um Verantwortung und Überforderung, Liebe und Schuld. Die Fragen, die sich Ihnen stellen, könnten sein: Schaffe ich es, meinen Angehörigen selbst zu Hause zu pflegen? Schaffe ich es, ihn in ein Pflegeheim und damit in die Obhut anderer zu geben? Oft lässt sich weder die eine noch die andere Frage leicht beantworten. Setzen Sie sich deshalb mit allen Formen der Pflege auseinander. Es gibt viele verschiedene Möglichkeiten und finanzielle Hilfen für sämtliche Varianten (siehe S. 33). Ein Mittelweg zwischen der Pflege durch Sie selbst und dem Pflegeheim ist beispielsweise die ambulante Pflege durch Pflegedienste. Auch eine teilstationäre Pflege ist möglich: als Tagespflege oder Nachtpflege.

Versuchen Sie, die Entscheidungen mit Ihrem Angehörigen und der Familie gemeinsam zu treffen (siehe S. 8).

3 Beantragen Sie den Pflegegrad bei der Pflegekasse.
Abhängig vom Pflegebedarf beantragen Sie mit Ihrem Angehörigen Pflegegrad und Pflegeleistungen bei der Pflegekasse, um finan-

zielle Unterstützung zu bekommen. Die Pflegekassen sind den Krankenkassen angegliedert. Wer in der gesetzlichen Krankenkasse pflichtversichert ist, ist automatisch Mitglied der angegliederten Pflegekasse.

Den Antrag können Sie – je nach Kasse – schriftlich, telefonisch oder per E-Mail stellen. Viele Pflegekassen geben Formulare aus, die die Antragstellung erleichtern.

Nachdem Sie den Antrag gestellt haben, prüft ein Gutachter die Situation Ihres Angehörigen vor Ort (siehe S. 29). Bereiten Sie den Termin gut vor, damit sich der Gutachter ein realistisches Bild machen kann. Es hilft zum Beispiel Ihrer Angehörigen nicht, ihr die Locken frisch einzudrehen, wenn sie das selbst nicht mehr kann und Sie genau diesen Umstand darlegen möchten.

Das Gutachten geht an die Pflegekasse, die über den Antrag entscheidet.

4 Organisieren Sie die gewünschte Form der Pflege.

Wenn Sie sich über Pflegebedarf und Form der Pflege im Klaren sind, leiten Sie die nötigen Schritte in die Wege. Beauftragen Sie gegebenenfalls Dienstleister, etwa einen Pflege- oder Menübringdienst oder eine Haushaltshilfe. Suchen Sie einen Heimplatz, wenn Sie sich für diese Form der Pflege entschieden haben.

Sprechen Sie sich mit Ihrer Familie und Freunden ab, wer weitere Aufgaben wie Arztbesuche und Behördengänge übernehmen kann. Es ist hilfreich, die Aufgaben auf mehrere Schultern zu verteilen.

5 Regeln Sie mit Ihrem Angehörigen, wer ihn gesetzlich vertreten darf.

Jeder sollte eine Vorsorgevollmacht und eine Patientenverfügung haben, und zwar lange bevor er Pflege benötigt. Liegen diese Notfalldokumente nicht vor, sollte Ihr Angehöriger jetzt rechtlich vorsorgen. Mit einer Vorsorgevollmacht kann er regeln, wer für ihn handeln darf, also zum Beispiel für ihn in medizinische Behandlungen einwilligen oder Verträge kündigen darf (siehe S. 17). Auch eine Betreuungsverfügung dient dazu, einen Vertreter für den Notfall zu bestimmen. Anders als bei der Vorsorgevollmacht muss allerdings erst ein Gericht entscheiden, ob der vorgesehene Betreuer geeignet ist.

Sollen sich Dritte um die Bankgeschäfte der zu pflegenden Person kümmern, reicht eine einfache Vorsorgevollmacht meist nicht aus. Banken und Sparkassen bieten institutseigene Formulare an, die Vollmachtgeber und Bevollmächtigter unterschreiben müssen.

Eine Patientenverfügung regelt, welche Maßnahmen Ärzte ergreifen sollen, um das Leben des Patienten zu verlängern – und welche er nicht wünscht (siehe S. 21).

Ist Ihr Angehöriger nicht mehr in der Lage, für sich zu entscheiden, und liegt keine Vollmacht vor, bestimmt ein Gericht, wer für ihn entscheiden darf (siehe S. 23).

6 Stellen Sie die Finanzierung der Pflege Ihres Angehörigen sicher.

Abhängig vom bewilligten Pflegegrad und der Art der Pflege stehen Ihnen Pflegegeld und Pflegesachleistungen der Pflegekasse zu.

Anspruch auf Pflegegeld besteht, wenn sich Angehörige, Freunde oder Ehrenamtliche um die Pflege kümmern. Pflegesachleistungen werden gezahlt, wenn ein ambulanter Pflegedienst bestimmte Pflege- und Betreuungsmaßnahmen übernimmt. Darüber hinaus bezahlt die Pflegekasse Kosten für Hilfsmittel für die Pflege, etwa für ein Pflegebett, Hausnotrufsysteme und Pflegeartikel wie Handschuhe und Desinfektionsmittel.

Eventuell können Sie weitere Zuschüsse beantragen, zum Beispiel für barrierefreies Wohnen oder Krankenfahrten.

Reichen die Leistungen der Pflegekasse und das eigene Vermögen nicht aus, um die Kosten zu decken, können Sie Hilfe zur Pflege als Teil der Sozialhilfe beantragen. Wenn die Eltern Pflege benötigen, können die Kinder unterhaltspflichtig sein (siehe S. 46).

Checkliste. Nutzen Sie unsere Liste „Pflegefall – was nun?“ zum Abhaken im Formularteil ab S. 113.

Entscheidungen treffen

Erst einmal ist es wichtig, sich darüber klar zu werden, wo die Pflege stattfinden kann. Wer kann pflegen, wer welche andere Unterstützung leisten? Kann es gelingen, die Wohnung entsprechend anzupassen und ein Netzwerk aufzubauen, das eine gute Versorgung zu Hause sicherstellt? Wenn nicht, ist eine stationiäre Pflegeeinrichtung die bessere Lösung.

Um diese Entscheidung treffen zu können, sollten Sie sich beraten lassen und sich möglichst zu einem Familiengespräch treffen. Besprechen Sie zusammen mit dem Pflegebedürfigen, was wer zu seiner Unterstützung beitragen kann und was nicht.

Rechtzeitig darüber reden

Wie, wo und von wem pflegebedürftige Angehörige versorgt werden, sollten Familien möglichst früh besprechen und dafür am besten zu einem Familiengespräch zusammenkommen.

Es ist der 40. Geburtstag von Almut Laudien, der das Leben der heute 58-Jährigen aus Friesack in Brandenburg auf den Kopf stellen wird. Sie will mit ihren Schwiegereltern frühstücken, als ihr Schwiegervater vor ihren Augen zusammensackt und seinen zweiten Schlaganfall erleidet. Völlig gesund wird er nie mehr. Er braucht fortan Pflege.

So beginnt für Almut Laudien im Jahr 2000 ein neuer Lebensabschnitt – 18 Jahre lang pflegt sie erst ihre Schwiegereltern, dann ihren Vater. Mann und Sohn helfen ihr.

„Wenn sie unsere Hilfe brauchen, helfen wir", sagt Laudien. So hatte die Familie es, auch mit allen Geschwistern, besprochen. Weil sie und ihr Mann extra in der Nähe ihrer Schwiegereltern blieben, waren sie automatisch diejenigen, die sich um alles kümmerten.

Ein Fehler war, sagt Laudien heute, vorher nicht genauer festzulegen, wie die Pflege im Detail organisiert werden sollte. Denn das sorgte später für Streit mit den Geschwistern, als die Laudiens sich irgendwann überfordert fühlten. Der Streit führte zu Entfremdung. Seit dem Tod der Angehörigen haben die Geschwister keinen Kontakt mehr.

Leben am Rand der Überforderung

Der Alltag für pflegende Angehörige bedeutet oft: kein Feierabend, keine Pause, kein Urlaub. Das haben auch Almut Laudien und ihr Mann erlebt. Sie gaben ihre Jobs auf, um ihre Angehörigen versorgen zu können. Ihren demenzkranken Vater allein lassen — unmöglich. „Mein Vater war ein Läufer. Er hat alle Türen aufgemacht und stand im Winter nachts in unserem Garten."

Ähnlich ergeht es auch Hannelore Janus. Die 79-jährige Berlinerin pflegt seit 2016 allein ihren demenzkranken Mann. Nachdem ihr Mann 2017 weggelaufen war, lässt sie ihn nicht mehr allein, hatte sogar einen Heimplatz für ihn besorgt. Doch dort wollte sie ihn nicht lassen: Er sei in zehn Tagen nicht gewaschen worden und habe in einem ärmlichen Zimmer gewohnt, berichtet sie. Janus: „Dort vegetieren die Menschen vor sich hin."

Möglicher Pflegebedarf ist Tabuthema

Almut Laudien sagt, die große mit Pflege verbundene Verantwortung sei ihr früher nicht bewusst gewesen. Ihr Tipp: mit allen Angehörigen in allen Konsequenzen über Pflege sprechen, solange die Eltern noch gesund sind.

Das größte Hindernis für Gespräche über Pflege in Familien ist in den Augen von Jutta Windeck, Beauftragte für Vorsorge und Alter der Caritas Berlin, das generelle Tabu beim Thema: „Häufig sprechen weder Kinder noch Eltern offen an, was sie sich in Bezug auf Pflege wünschen und voneinander erwarten." Doch genau so ein offenes und ehrliches Gespräch sollten sie führen und besprechen, welche Wünsche Pflegebedürftige haben.

Das ist nicht leicht, denn ältere Menschen setzen sich häufig ungern damit auseinander, dass sie irgendwann auf die Hilfe anderer angewiesen sind. Und ihre jüngeren

Angehörigen haben möglicherweise Angst, gar nicht helfen zu können, oder wollen es nicht.

Auch die Details klären

Jutta Windeck findet vor allem die Frage wichtig, wo gepflegt werden soll. Können sich Kinder überhaupt vorstellen, ihre Eltern zu Hause zu pflegen, oder soll von vornherein ein Heimplatz gesucht werden?

Wohnen alle Kinder weit weg, sollte außerdem gemeinsam überlegt werden, ob es sinnvoll und denkbar wäre, dass die Eltern dann in die Nähe eines ihrer Kinder ziehen.

Ist klar, dass die Eltern oder die alleinstehende Mutter oder der Vater zunächst in ihrem eigenen Haus oder Wohnung bleiben würden, geht es darum, wer dort helfen könnte. Wäre es zum Beispiel möglich, auch Nachbarn oder Freunde einzubinden? Könnten entfernt lebende Angehörige trotzdem einzelne Pflichten übernehmen und zum Beispiel in Urlaubszeiten oder bei Krankheit vorübergehend einspringen?

Die anfängliche Situation kann sich außerdem immer wieder ändern. Familien müssten deshalb dauerhaft im Gespräch bleiben. „Pflege ist ein Prozess“, sagt Windeck.

Über die Pflegekosten informieren

Auch Geldfragen müssen auf den Tisch. Familien sollten die Finanzen im Blick haben. Pflege ist kostspielig. Almut Laudien ließ sich bei der ortsansässigen Sozialstation auch darüber beraten. Inzwischen ist sie selbst sehr kundig. Seit Jahren engagiert sie sich beim Verein „Wir pflegen“, einer bundesweiten Interessenvertretung für pflegende Angehörige.

UNSER RAT

Pflege zusammen planen

Gespräche. Ob eine Pflege zu Hause möglich ist, sollten Sie mit Ihren Angehörigen in der Familie besprechen, solange Sie noch gesund sind. „Ein offenes und ehrliches Gespräch ist wichtig“, sagt Jutta Windeck von der Caritas Berlin.

Unterstützung. Lassen Sie sich von Experten beraten. Pflegestützpunkte können hierbei erste Anlaufstellen sein, ebenso Wohlfahrtsverbände wie Diakonie und Caritas.

Austausch. Wenn Ihr Angehöriger pflegebedürftig ist, tauschen Sie sich mit anderen Pflegenden aus. Der Verein „Wir pflegen“ bietet dazu seit Kurzem auch die kostenlose Selbsthilfe-App für Android und IOS „in.kontakt“ an.

Helma Lechtenberg, Projektleiterin der Diakonie Haltestelle Reinickendorf in Berlin, kennt aus der Praxis Hindernisse beim Versuch, Pflege im Vorfeld zu organisieren. Ein ambulanter Pflegedienst berate Angehörige erst, wenn ihre Verwandten einen Pflegegrad haben. Erst dann könne er das Gespräch über die Pflegekasse abrechnen. Sie nennt ein weiteres Problem: „Angehörige denken oft, dass sie es allein schaffen. Und sie wissen vorher nicht, wobei sie Hilfe benötigen.“

Überlegungen für die eigene Pflege

Almut Laudien hat nach ihren Erfahrungen mit ihrem eigenen Sohn besprochen, dass er sie nicht pflegen soll, sollte es einmal nötig sein. Ihr Mann und sie wollen sich deshalb bald Wohnmöglichkeiten für später ansehen: Eine Senioren-WG oder betreutes Wohnen können sich beide vorstellen.

Daheim oder Heim?

Es gibt gute Gründe für zu Hause oder fürs Heim beziehungsweise eine alternative Pflegeeinrichtung. Am Ende entscheidet oft der Gesundheitszustand des zu Pflegenden.

Finanztest-Redakteurin Sophie Mecchia weiß noch genau, wie ihre Oma die letzten 10, vielleicht sogar 15 Jahre vor ihrem Tod fast jedes Gespräch im Familienkreis beendete: „Aber ins Heim gehe ich nicht." Das sagte sie selbst dann, wenn es gar nicht um Pflege, ihr Alter und erst recht nicht um den Umzug in eine stationäre Einrichtung gegangen war, erinnert sich Mecchia. Der Satz sei wie eine Art Mantra gewesen, eine magische Formel, die sie vielleicht wiederholte, um jegliche Auseinandersetzung mit diesem Thema im Keim zu ersticken. Die Familie hielt sich daran.

Es ist kein Einzelfall. Um Themen wie Älterwerden, Pflegebedürftigkeit, eine mögliche Heimunterbringung und Tod wird in vielen Familien ein großer Bogen gemacht. Das ist verständlich, aber schade. Denn Gespräche können dafür sorgen, dass im Ernstfall Entscheidungen getroffen werden, die im Sinne aller Beteiligten sind.

Die beste Form der Betreuung wählen

Bei der Antwort auf die Frage „Daheim oder Heim?" sollte die Frage im Zentrum stehen, wo der pflegebedürftige Angehörige am besten aufgehoben ist. Dazu gehören Überlegungen wie: Wo fühlt sich mein Angehöriger am wohlsten? Und: Wo kann am besten für ihn gesorgt werden? Die Antworten darauf führen oft genug in gegenläufige Richtungen. Das macht die Entscheidung so schwer.

Die Frage, wie und wo ein pflegebedürftiger Angehöriger versorgt werden soll, gehört deshalb in den Familienrat. In erster Linie sollte es bei Gesprächen im Kreise aller Angehörigen und des Pflegebedürftigen selbst darum gehen, herauszufinden, wie viel und welche Unterstützung der Pflegebedürftige braucht. Folgende Überlegungen helfen, in dieser Situation weiterzukommen:

→ Ist es aufgrund der Erkrankung beziehungsweise der Einschränkungen des Betroffenen überhaupt möglich, ihn dauerhaft zu Hause zu versorgen?

→ Reicht es, wenn ein ambulanter Pflegedienst die Pflege übernimmt? Gibt es Lücken in der Betreuung und Versorgung? Wenn ja: Wer kann sie schließen?

→ Kann die Wohnung oder das Haus pflegegerecht umgebaut werden? Reichen die finanziellen Mittel für einen Umbau oder einen Umzug in eine andere Wohnung?

→ Bietet das Umfeld eine seniorengerechte Infrastruktur? Sind beispielsweise Ärzte, Lebensmittelladen und Friseur in der Nähe und fußläufig erreichbar? Gibt es gut erreichbare und barrierefreie Nahverkehrsmittel? Gibt es ehrenamtliche und professionelle Unterstützungsangebote?

→ Wie ist das Verhältnis in der Familie? Wer kann pflegen? Hat jemand bereits Erfahrungen mit Pflegetätigkeiten?

→ Wer kann einspringen, wenn die Hauptpflegeperson verhindert ist? Gibt es Hilfe aus der Nachbarschaft oder dem Bekanntenkreis?

→ Kann der Pflegebedürftige, wenn nötig, zu einem Familienmitglied ziehen?

Gefühle spielen eine Rolle

Die genannten Überlegungen beziehen sich auf tatsächliche Umstände. Aber bei der Frage der Unterbringung geht es auch um Emotionen. 80 Prozent aller Pflegebedürftigen haben Angst davor, ins Heim zu gehen. Nur 7 Prozent können sich vorstellen, bei Pflegebedürftigkeit freiwillig in einer Pflegeeinrichtung zu leben, ergab eine Umfrage des Instituts Yougov für curablu online.

Sophie Mecchias Oma etwa fürchtete die Veränderung. „Einen alten Baum verpflanzt man nicht", sagte sie immer. Dass sie von einem Umzug ins Heim vielleicht auch hätte profitieren können, kam ihr nicht in den Sinn, erzählt die Redakteurin. Eine Veränderung kann auch Gutes bewirken.

Gaby Engel, die als Krankenschwester im Pflegeheim und für einen ambulanten Pflegedienst arbeitet, sagt: „Ältere Menschen erleben oft viel mehr, wenn sie nicht den ganzen Tag allein in ihrer Wohnung sitzen." Neue Leute kennenzulernen und an Veranstaltungen teilzunehmen, die das Heim anbietet, schaffe neuen Gesprächsstoff. Der Austausch rege die grauen Zellen an. Das gelte zumindest für Menschen, die gern unter Leuten sind. Eigenbrötler, sagt Engel, seien zu Hause oft besser aufgehoben. Aber auch bei ihnen sieht sie eine Grenze: „Spätestens, wenn jemand bettlägerig wird, ist ein Pflegeheim die bessere Lösung."

Zwischen Liebe und Überforderung

Nicht nur die Gefühle des Pflegebedürftigen sind von Bedeutung, sondern auch die der Angehörigen. Auch bei ihnen geht es oft um große Emotionen: zum Beispiel um Verantwortung und Überforderung, Liebe und Schuld. Kann ich meine Mutter, meinen Vater ins Heim geben (wo sie es doch waren, die auf vieles verzichtet haben, um mich großzuziehen)? Kann ich meine Ehefrau, meinen Mann in die Obhut Fremder geben (wo ich ihr oder ihm Beistand in guten wie in schlechten Tagen versprochen habe)? Stehle ich mich damit aus der Verantwortung?

Wer mit all diesen Fragen für sich selbst und innerhalb der Familie nicht weiterkommt, kann sich Entscheidungshilfe suchen: zum Beispiel bei einem Pflegestützpunkt der Pflegekassen (siehe S. 14). Auch der Austausch mit anderen Pflegenden kann helfen (siehe S. 15). Manchmal erleichtern Erfahrungsberichte anderer die Entscheidung für oder gegen die Pflege zu Hause.

CHECKLISTE

Argumente fürs Heim

- Der Pflegebedürftige muss rund um die Uhr betreut werden.
- Der Pflegebedürftige kann nicht mehr allein essen.
- Der Pflegebedürftige ist inkontinent.
- Der Pflegebedürftige ist nicht mehr in der Lage zu kommunizieren.
- Es ist nicht möglich, zusätzliche Leistungen eines ambulanten Pflegedienstes in Anspruch zu nehmen, beziehungsweise die Leistungen werden dem Pflegebedarf nicht mehr ausreichend gerecht.
- Größere Umbaumaßnahmen in der Wohnung, etwa eine Verbreiterung der Türen, sind ausgeschlossen.
- Für Sie als Angehörigen bleibt keine Zeit mehr, Ihren eigenen Bedürfnissen nachzugehen.
- Die Pflege entwickelt sich zum Vollzeitjob, und Sie müssten Ihren Beruf aufgeben.
- Sie können nicht mehr schlafen oder leiden unter Schlafstörungen, die im Zusammenhang mit der häuslichen Pflege stehen.
- Es gibt keine Ersatzpflegepersonen für den Fall, dass Sie als Pflegender selbst erkranken oder dringend Urlaub brauchen.

Unterstützung in Anspruch nehmen

Auch wenn der Pflegebedürftige weiterhin zu Hause bleiben kann, muss es nicht allein Sache der Angehörigen sein, ihn zu versorgen. Um die Pflege auf viele Schultern zu verteilen, können Angehörige professionelle Dienste in Anspruch nehmen. Wohlfahrtsverbände und unabhängige Vereine bieten oft ehrenamtliche Unterstützung an, um pflegende Angehörige zu entlasten: zum Beispiel Besuchs- und Fahrdienste und Hilfe im Haushalt. Wer einen Menüdienst hat, bekommt eine warme Mahlzeit pro Tag geliefert. Familien können auch einen ambulanten Pflegedienst beauftragen und dessen Leistungen nach und nach aufstocken.

Entscheidung lässt sich widerrufen

Egal, wie sich Pflegebedürftiger und Angehörige entscheiden: Die gefundene Lösung ist nicht in Stein gemeißelt und kann widerrufen werden. Wem die Pflege eines Angehörigen über den Kopf wächst, der kann sich immer noch für den Umzug ins Heim einsetzen. Und auch der Weg in die andere Richtung ist möglich. „Das Pflegeheim muss nicht unbedingt die Endstation sein", sagt Krankenschwester Gaby Engel. „Ich habe schon gehört, dass sich Menschen im Heim so gut erholt haben, dass sie wieder zurück nach Hause konnten."

Beratung für die Helfer

Wird ein Mensch pflegebedürftig, haben Angehörige viele Fragen. Rat bekommen sie bei zahlreichen Anlaufstellen, die Beratungsangebote machen.

Julika Stich hat sich fast zwanzig Jahre lang um ihre Mutter gekümmert. Sie war zwei, als diese an Multipler Sklerose erkrankte, und sieben, als sie aktiv in die Versorgung ihrer Mutter eingebunden wurde. „Ich habe mit kleinen Aufgaben angefangen, über die Jahre wurden es immer mehr", erzählt die heute 36-Jährige. „Für mich vor allem in der Pubertät schwierig war die Intimpflege meiner Mutter."

Seelische Unterstützung, die sie in dieser Zeit dringend gebraucht hätte, erfuhr die Jugendliche wenig – weder in der Familie noch in der Schule. Dabei hätten ihr gerade Gespräche mit Außenstehenden gutgetan. „Heute weiß ich, dass ich oft ständig überfordert war", erinnert sie sich.

Wie Julika Stich pflegen 230 000 Kinder und Jugendliche in Deutschland kranke oder pflegebedürftige Familienangehörige zu Hause. „Als ich begriffen habe, dass ich nicht allein bin, war das sehr befreiend", sagt Stich, „und die Erkenntnis, dass es Hilfen gibt. Dass man sich Entlastung holen kann."

CHECKLISTE

Beratungsgespräch – gut vorbereiten

Ob beim Pflegestützpunkt oder Sozialdienst – ein Beratungsgespräch über eine komplexe Pflegesituation gelingt besser, wenn Sie sich mit Ihren Angehörigen vor dem Termin Gedanken über Ihre Situation und Ihre Wünsche machen. Wichtig sind diese Punkte:

- **Mit der Familie reden.** Überlegen Sie gemeinsam mit nahestehenden Menschen, wer welche Unterstützung leisten kann. Auch Freunde können helfen. Häufig geht es nicht nur um Pflege und Betreuung, sondern auch um weitere Aufgaben wie Einkauf, Hilfe beim Ausfüllen von Formularen und darum, Gesellschaft zu leisten. Oft wird schnell klar, wer was übernehmen kann.
- **Lebenssituation klären.** Die Pflegeversicherung übernimmt einen Teil der Kosten für Pflege und Unterstützung durch Pflegedienst oder Pflegeheim. Verschaffen Sie sich einen Überblick über Ihre Finanzen. So können Sie besser einschätzen, welche Lösungen, die ein Berater vorschlägt, für Sie infrage kommen. Überlegen Sie, wo die Pflege stattfinden soll. So kann eine Wohnungsanpassung oder ein Umzug ins Heim geplant werden.
- **Fragen aufschreiben.** Notieren Sie alle Fragen genau. Merken Sie als pflegender Angehöriger, dass Sie an Ihre Grenzen stoßen, fragen Sie sich: Was mache ich alles? Welche Situationen fallen mir besonders schwer? Was würde ich gern verändern? Wie und wo erhole ich mich? Wenn es ein Pflegegutachten gibt, nehmen Sie es zur Beratung mit.
- **In der Beratung.** Fragen Sie nach, wenn Sie etwas nicht verstehen, und machen Sie sich Notizen. Der Berater sollte erklären, was Sie zu tun haben, welche Dienste und Einrichtungen einbezogen werden sollten und wie er Sie unterstützen kann.

Informiert zu sein ist wichtig

Deshalb gründete die Lübeckerin 2016 eine Anlaufstelle für junge Pflegende: Young Helping Hands. Hilfesuchende können auf ihrer Internetseite Informationen, Adressen und Rat bekommen (Young-helping-hands.de).

Wie wichtig solche Initiativen, Beratungsstellen und Selbsthilfegruppen sind, zeigt sich vor allem, wenn ein Mensch von einem Moment auf den anderen pflegebedürftig wird. Angehörige müssen schnell reagieren. Auch ihr Leben verändert sich plötzlich – besonders, wenn sie selbst die Pflege übernehmen.

Ohne professionellen Rat kommt kaum jemand weiter. Wer nicht weiß, was ihm zusteht, geht leer aus; wer sich zu viel zumutet und sich keine Hilfe holt, wird selbst krank.

Pflegekasse muss beraten

Erster Ansprechpartner – auch telefonisch – für Pflegebedürftige und Angehörige ist die Pflegekasse, die der gesetzlichen Krankenkasse angegliedert ist. Wer Leistungen aus der gesetzlichen Pflegeversicherung bezieht oder beantragt, hat Anspruch auf eine kostenlose Beratung durch die Pflegekasse, Privatversicherte durch ihren Krankenversi-

Wichtige Anlaufstellen bei Fragen zur Pflege

	Wer wird beraten?	Wer berät?	Wozu wird beraten?
Gesetzliche Kassen	Gesetzlich Pflegeversicherte und deren Angehörige.	Meist Sozialversicherungsfachangestellte, auch Pflegefachkräfte.	Pflegeleistungen, Erleichterung des Pflegealltags.
Private Krankenversicherer	Privat Krankenversicherte.	Sozialarbeiter, Gerontologen, Pflegekräfte.	Pflegeleistungen, Organisation des Pflegealltags, Demenzberatung
Pflegestützpunkte	Jeder, vorrangig gesetzlich Versicherte. Privatversicherte werden gegebenenfalls verwiesen (siehe oben).	Stützpunkte können einzeln oder gemeinsam von Krankenkassen, Kommunen oder Wohlfahrtsverbänden organisiert sein.	Pflegeleistungen und Organisation des Pflegealltags.
Sozialdienst in Kliniken	Patienten und Angehörige.	Pflegekräfte oder Sozialarbeiter der Klinik.	Unterstützung nach Klinikaufenthalt; Hilfe bei der Organisation von Pflege wie Beschaffen von Hilfsmitteln, Beantragen von Pflegeleistungen, Weitergabe von Adressen von Pflegediensten.
Wohnberatungsstellen	Jeder.	Architekten, Sozialpädagogen und andere, die sich als Wohnberater fortgebildet haben.	Wohnformen im Alter, seniorengerechter und barrierefreier Umbau, Klären aller mit einem Wohnungswechsel verbundenen Fragen.
Pflegetelefon des Bundesfamilienministeriums	Jeder.	Pflegefachkräfte, Psychologen.	Lotse zu den Angeboten vor Ort für alle Fragen rund um das Thema „Pflege und Hilfe im Alter", Pflegeleistungen, Telefonseelsorge.

cherer. Auch Angehörige haben das Recht, sich beraten zu lassen, wenn der Pflegebedürftige zustimmt.

Mitarbeiter sollten Auskunft über Hilfsangebote in der Nähe geben. Außerdem müssen sie ihren Versicherten auf Anfrage Leistungs- und Preislisten von Pflegeheimen, Pflegediensten und weiteren Hilfsangeboten zusenden.

Kann eine Kasse selbst nicht beraten, sollte sie zumindest eine Anlaufstelle nennen, die das in ihrem Auftrag übernehmen kann.

Bundesweit gibt es Pflegestützpunkte

Vielerorts haben Kassen und Kommunen Pflegestützpunkte als Beratungsstellen in Wohnortnähe eingerichtet. Davon gibt es etwa allein in Berlin 36. Pflegeversicherte sollen hier ihren Anspruch auf unabhängige und fachlich kompetente Beratung einlösen. Geholfen wird ihnen auch bei Anträgen und der Organisation notwendiger Hilfsdienste.

In fast 60 Prozent der Fälle suchten nicht die Pflegebedürftigen selbst, sondern ihre Angehörigen Rat und Hilfe, berichtet Birgit Burmeister, Teamleiterin bei den Pflegestützpunkten Berlin: „Wir kennen uns gut aus in der Stadt und sind gut vernetzt, haben eine Beratungs- und Lotsenfunktion und vermitteln Betroffene auch an Spezialisten weiter, wie zum Beispiel die Alzheimer Gesellschaft."

Wo der nächste Pflegestützpunkt ist, können Familien im Internet mithilfe der Datenbank des Zentrums für Qualität in der Pflege herausfinden (bdb.zqp.de).

Wo wird beraten?	Kosten	Besonderheit
Am Telefon, in der Geschäftsstelle, Hausbesuche möglich.	Keine.	Versicherte und Angehörige haben bei Antrag auf Pflegeleistungen Anspruch auf Beratung.
Telefonischer Kontakt mit Firma Compass (0 800/1 01 88 00), Hausbesuche.	Keine.	Versicherte und Angehörige haben Anspruch auf Pflegeberatung.
Am Telefon, im Stützpunkt, Hausbesuche sind möglich.	Keine.	–
Am Klinikbett und in den Räumen des Sozialdienstes im Krankenhaus.	Keine.	–
Beratungsstelle (Adressen unter Wohnungs anpassung-bag.de), zu Hause und im Internet: Online-wohn-beratung.de	Oft kostenlos.	–
Am Telefon von Montag bis Donnerstag zwischen 9 und 18 Uhr unter der Rufnummer 0 30/20 17 91 31, per E-Mail an info@wege-zur-pflege.de.	Keine.	–

Auch Pflegedienste, Sozialstationen, Verbraucherzentralen, Kommunen, Seniorenbüros und Wohlfahrtsverbände wie AWO, Deutsches Rotes Kreuz oder Diakonie helfen weiter. Bundesweit gibt es über 4 500 Anlaufstellen, ebenfalls aufgelistet unter bdb.zqp.de.

Pflegedienste beraten vor allem dann, wenn eine Pflegekraft schon ins Haus kommt oder kommen soll. Der Dienst kann einschätzen, wie viel Pflege notwendig ist.

Fehlt eine Beratungsstelle in der Nähe, ist der Hausarzt ein guter Ansprechpartner. Er und sein Praxispersonal kennen häufig die Hilfeanbieter in der Gegend, manchmal liegen auch Prospekte im Wartezimmer. Vielleicht haben Nachbarn oder Freunde gute Erfahrungen mit einem Anbieter gemacht oder von einem guten Dienst gehört.

Austausch mit anderen Pflegenden

Auch Pflegende, die befürchten, die vielen Aufgaben nicht allein zu bewältigen, können Hilfe bekommen. „Manchmal reicht es schon, sich mit anderen Pflegenden auszutauschen und sich mal alles von der Seele zu reden", sagt Julika Stich.

Bei Stichs Initiative, aber auch bei anderen, etwa „Wir pflegen" (Wir-pflegen.net) und „Pflegende Angehörige" (Pflegende-an gehoerige-ev.de), können Kontakte geknüpft werden. Pflegende unterstützen sich gegenseitig, viele machen Probleme öffentlich, zum Beispiel Überlastung und Überforderung. So auch Julika Stich: Auf ihrer Internetseite und auf Facebook schildert sie ihre Erfahrungen als „Young carer" – um andere

UNSER RAT

Gut beraten lassen

Beratungsstelle. Wenn Sie Pflegeleistungen beantragen oder beziehen, haben Sie und Ihre Angehörigen Anspruch auf eine kostenlose Pflegeberatung. Eine Anlaufstelle dafür ist ein Pflegestützpunkt. Als gesetzlich Krankenversicherter bekommen Sie ortsnahe Adressen von Ihrer Kasse. Als privat Versicherter wenden Sie sich an die Compass Private Pflegeberatung.

Internet. Auf der Internetseite des Zentrums für Qualität in der Pflege (bdb.zqp.de) können Sie wohnortnahe Beratungsstellen suchen, etwa von Kommunen und Wohlfahrtsverbänden.

Vor Ort und am Telefon. Kurze Informationen erhalten Sie telefonisch, Umfangreiches klären Sie besser in der Beratungsstelle. Ist eine komplexe Pflegesituation zu klären, suchen Sie – wenn möglich – das persönliche Gespräch oder bitten den Berater um einen Hausbesuch.

Minderjährige, die Angehörige pflegen, anzusprechen – und sie vernetzt Betroffene.

Wer professionelle psychologische Unterstützung benötigt, findet sie bei Kirchen und Wohlfahrtsverbänden. Für psychologische Betreuung im Internet ist die Seite Pflegen-und-leben.de zu nennen. Pflegende können sich dort auch anonym beraten lassen. Für gesetzlich Krankenversicherte ist das kostenlos.

Pflegebegleiter helfen ehrenamtlich

In vielen Regionen gibt es ehrenamtliche Senioren- und Pflegebegleiter. Oft werden sie von Gemeinden und Selbsthilfegruppen vermittelt. Sie kennen Hilfsangebote am Wohnort und die Leistungen der Kassen und helfen älteren Menschen und ihren Familien, den Alltag zu bewältigen.

Wer eine Rundum-Beratung aus einer Hand möchte und keine Kosten scheut, kann einen freien Pflegeberater engagieren. Gegen Honorar kommt dieser zum Pflegebedürftigen nach Hause, verschafft sich einen Überblick über dessen Situation, hilft etwa beim der Beantragen von Pflegeleistungen und begleitet die Begutachtung für die Einstufung in einen Pflegegrad (siehe S. 28). **Wichtig:** Bei der Auswahl eines freien Pflegeberaters sollten Sie auf seine Qualifikation achten und sich vor der Erstberatung alle Kosten offenlegen lassen.

Weitere Anlaufstellen

Neben den Anlaufstellen in der Tabelle auf S. 14 / 15 gibt es zahlreiche weitere Stellen, die Informationen oder Beratung bieten:

→ **Sozialverbände.** Lehnt die Kasse Leistungen ab, bekommen Sie bei Sozialverbänden kostenlosen Rat zum Widerspruchsverfahren.

→ **Verbraucherzentralen.** Zum Beispiel die Verbraucherzentrale Nordrhein-Westfalen bietet viele Informationen im Internet (vz-nrw.de).

→ **Selbsthilfegruppen.** Der Austausch in Selbsthilfegruppen hilft vor allem pflegenden Angehörigen und kann bei demenzkranken Pflegebedürftigen eine große Hilfe sein.

→ **Hausärzte.** Sie sind vor allem auch auf dem Land wichtige Lotsen.

→ **Unabhängige Patientenberatung Deutschland (UPD).** Sie hilft Ratsuchenden bei allen Fragen und Problemen im Bereich Pflege. Zum Team gehören etwa Ärzte, Juristen und Sozialversicherungsangestellte.

→ **Krisenhilfe.** Sie bietet Ansprechpartner bei Krisen unter Pflege-gewalt.de.

Vorsorgevollmacht

In einer Vollmacht lässt sich regeln, wer im Notfall mit Ärzten spricht und sich um vieles mehr kümmert.

In einer Vorsorgevollmacht beauftragt ein Vollmachtgeber einen anderen Menschen, als Vertreter in seinem Interesse zu handeln und Entscheidungen zu treffen, falls er selbst nicht mehr entscheiden kann. Wie wichtig eine solche Vollmacht werden kann, zeigt das Beispiel einer Notfalloperation.

Als Notfall operiert

Saziye Yildiz kam als Notfall ins Krankenhaus, nachdem sie nachts unerträglichen Druck auf das Gehirn verspürte. Die Ärzte stellten ein Gehirn-Aneurysma fest und operierten die 54-Jährige sofort. Bei einem Aneurysma platzen Blutgefäße. Blutungen im Gehirn können zu Behinderungen und zum Tod führen. Die Operation verlief erfolgreich. Um den Heilungsprozess zu fördern, versetzten die Ärzte die Patientin anschließend in ein künstliches Koma.

Als die Ärzte dann bei der Komapatientin einen Luftröhrenschnitt machen wollten, um sie künstlich zu beatmen, benötigten sie die Einwilligung der Patientin. Diese konnte ihre Schwester Aysel Yildiz den Ärzten erteilen, weil Saziye ihr eine Vorsorgevollmacht ausgestellt hatte. „Die Ärzte wollten die Vorsorgevollmacht im Original sehen, danach durfte ich dem Eingriff zustimmen", sagt sie.

Die Patientin lag länger als erwartet im Koma und wachte zunächst nicht auf. Alle waren in großer Sorge. „Die Ärzte wollten wissen, was meine Schwester im Hinblick auf lebensverlängernde Maßnahmen verfügt hatte", erinnert sich die Bevollmächtigte. „Meine Schwester hatte zum Glück eine Patientenverfügung. Das hat mich entlastet."

Krankenkasse, Versicherungen, Miete

Saziye Yildiz erwachte glücklicherweise wieder aus dem Koma und kehrte Schritt für Schritt ins Leben zurück. „Doch mit medizinischen und behördlichen Entscheidungen war sie noch überfordert", erinnert sich ihre Schwester. Deshalb war sie es auch, die zustimmen musste, als die Patientin auf Rat der Ärzte nach drei Monaten Krankenhausaufenthalt in eine Rehaklinik verlegt werden sollte.

„Außerdem hatte ich viel mit der Krankenkasse zu tun", sagt die IT-Trainerin. „Für den geplanten Aufenthalt zu Hause habe ich eine Haushaltshilfe und ambulante Rehamaßnahmen beantragt." Die Krankenkasse verlangte die Vorlage der Vorsorgevollmacht.

Beim Sortieren der Unterlagen stellte sich auch heraus, dass Saziye Yildiz zwei Berufsunfähigkeits-Zusatzversicherungen hat. Als die Schwester die Versicherer anrief, um sich die Leistungsanträge zuschicken zu lassen, wurde ein Versicherer erst nach Vorlage der Vorsorgevollmacht tätig.

Bank akzeptierte Vollmacht nicht

Bei der Bank hatte Aysel Yildiz Pech. Die Mitarbeiter akzeptierten die Vollmacht nicht, obwohl die Schwester beauftragt war, auch Konto- und Vermögensangelegenheiten zu regeln. Der Kontozugriff war notwendig, um Überweisungen zu tätigen und Abrechnungen zu kontrollieren. „Meine Schwester hat ein Konto bei der Targobank", sagt Aysel Yildiz. Diese erkannte wie die meisten Banken und Sparkassen die handschriftlich unterschriebene Vorsorgevollmacht nicht an. Die Institute haben in ihren Geschäftsbedingungen festgelegt, dass neben dem Kontoinhaber eine andere Person nur über das Konto verfügen darf, wenn beide eine bankeigene Bank- oder Kontovollmacht unterschrieben haben. Jedes Institut bietet hierfür eigene Formulare an. Vollmachtgeber und Bevollmächtigter müssen meist persönlich erscheinen und die Details festlegen.

Bei Direktbanken müssen Kunden die Formulare anfordern und ihre Identität per Postident- oder Video-Ident-Verfahren nachweisen. Auch eine vom Notar beurkundete Vorsorgevollmacht erkennen Banken in der Regel an. Aysel Yildiz konnte zum Glück aus eigenen finanziellen Mitteln Rechnungen für ihre Schwester begleichen. Als die Schwester aus der Reha nach Hause entlassen wurde, kümmerte sich die Bevollmächtigte sofort um einen Termin bei der Bank, bei dem beide gemeinsam eine allgemeine Bankvollmacht unterschrieben. Zumindest für die Zukunft haben sie nun auch die finanzielle Vorsorge geregelt.

Sparkasse erfolgreich verklagt

Gegen die aktuelle Bankenpraxis wehrte sich ein Bevollmächtigter erfolgreich vor Gericht. Er hatte eine einfache Vorsorgevollmacht und wollte Zugriff auf das Sparkonto der Mutter. Die Sparkasse weigerte sich. Der Sohn klagte und bekam recht.

Die Sparkasse erstattete ihm den Zinsschaden sowie Anwaltskosten in Höhe von insgesamt rund 2580 Euro (Landgericht Detmold, Az. 10 S 110/14). Bevollmächtigte können sich auf dieses Urteil berufen, wenn ihre Bank oder Sparkasse die Vollmacht nicht anerkennt.

Eine Rechtspflicht für Banken begründet das Urteil aber nicht. Bevollmächtigte müssen bei Weigerung ihres Instituts abwägen, ob sie einen Rechtsstreit führen.

Was alles zu beachten ist

Es ist sinnvoll, sich so früh wie möglich – am besten ab dem 18. Geburtstag – um eine Vorsorgevollmacht zu kümmern. Denn jeder kann in die Lage kommen, nichts mehr entscheiden zu können, sei es durch Krankheit, Unfall oder altersbedingt.

Für die Vollmacht gelten nur wenige Formvorschriften. Der Text kann handschriftlich verfasst sein. Um nichts zu vergessen, hilft es, vorgefertigte Formulare auszufüllen oder sich daran zu orientieren. Das Dokument sollte eigenhändig unterschrieben und mit Datum versehen sein.

Nicht notwendig ist eine Beglaubigung der Unterschrift oder die Beurkundung durch einen Notar. Nur für Kontogeschäfte, Immobilien und die Aufnahme eines Kredits gelten Extraregeln.

Bevollmächtigung sinnvoll regeln

In der Vorsorgevollmacht legen Vollmachtgeber fest, was der Bevollmächtigte darf – und was nicht. Die Vollmacht kann vorübergehend zum Einsatz kommen – wie bei den Schwestern Yildiz – oder dauerhaft. Sinnvoll ist es, folgende Punkte zu regeln:

→ **Gesundheit.** Ärzte, Krankenhäuser und Pflegeeinrichtungen sollten von der Schweigepflicht gegenüber dem Bevollmächtigten entbunden sein. Und der Bevollmächtigte sollte über Behandlungen, Operationen und andere medizinische Fragen entscheiden dürfen.

Ärztliche Heilmaßnahmen und Operationen sind häufig mit Risiken verbunden, die sogar lebensgefährlich sein können. Soll der Bevollmächtigte seine Zustimmung zu solchen gefährlichen Eingriffen erteilen dürfen, muss dies ausdrücklich in der Vollmacht stehen. Gleiches gilt für Entscheidungen über lebensverlängernde und -erhaltende Maßnahmen (Paragraf 1904 Bürgerliches Gesetzbuch).

→ **Pflege.** Vor allem ältere Menschen benötigen oft Unterstützung, wenn sie eine Haushaltshilfe beantragen, einen Pflegedienst engagieren oder ins Heim umziehen. Die Vollmacht sollte Pflege und Versorgung umfassen.

→ **Freiheitsbeschränkung.** Vollmachtgeber können regeln, ob der Bevollmächtigte sie in ihrer Freiheit einschränken darf. Es kann sein, dass jemand krankheitsbedingt die Notwendigkeit einer medizinischen Behandlung nicht erkennt. Empfiehlt der Arzt dann eine Zwangsbehandlung, zum Beispiel in Form von ruhigstellenden Medikamenten oder Bettgittern, darf der Bevollmächtigte darin nur einwilligen, wenn dies ausdrücklich in der Vollmacht erwähnt ist.

Auch mit Vollmacht gilt aber: Solch eine Zwangsbehandlung gegen den eigenen Willen ist nur im äußersten Notfall erlaubt. Zudem muss immer eine Genehmigung vom Betreuungsgericht vorliegen (Paragraf 1906 Bürgerliches Gesetzbuch). Voraussetzung für Zwangsmaßnahmen ist die Gefahr, dass ein erheblicher Schaden an der eigenen Gesundheit entstehen könnte.

→ **Wohnung/Aufenthalt.** Es kann sein, dass Mietverträge gekündigt werden müssen, etwa weil der Umzug in eine altersgerechte Wohnung oder in ein Heim ansteht. Der Bevollmächtigte sollte Verträge kündigen und neue abschließen dürfen.

UNSER RAT

Wichtige Papiere

Vorsorgevollmacht. Mit einer Vorsorgevollmacht beauftragen Sie einen anderen Menschen, für Sie im Notfall zu entscheiden, zum Beispiel im Krankenhaus. Für jeden ab 18 ist es sinnvoll, sich darum zu kümmern. Jeder kann in die Lage kommen, nicht selbst entscheiden zu können – sei es durch Unfall oder Krankheit. Selbst Ehe- und Lebenspartner dürfen nicht automatisch füreinander sprechen. Die Aufgaben des Bevollmächtigten legen Sie selbst fest.

Betreuungsverfügung. Sie können in einer Betreuungsverfügung eine Person für den Notfall als Betreuer vorschlagen – etwa für medizinische, rechtliche oder behördliche Angelegenheiten. Ein Betreuer kann jedoch nicht automatisch für Sie handeln – er wird vom Gericht beauftragt und unterliegt dessen Kontrolle.

Patientenverfügung. In einer Patientenverfügung legen Sie schriftlich fest, für welche Behandlungssituation Sie in medizinische Maßnahmen einwilligen und welche Sie ablehnen. Die Angaben sollten so konkret wie möglich sein (S. 21).

→ **Behörden.** Der Bevollmächtigte sollte gegenüber den Behörden umfassend handeln können.

→ **Justiz.** Hier geht es darum, dass der Bevollmächtigte auch vor Gericht tätig werden und zum Beispiel Rechtsmittel gegen einen Bescheid des Finanzamts oder einer anderen Behörde einlegen darf.

→ **Kommunikation.** Der Bevollmächtigte sollte Briefe öffnen und Telekommunikationsverträge verwalten dürfen sowie gegebenenfalls Zugang zum Computer, zu E-Mails und Internetanwendungen haben. Wer dies umfassend regeln möchte, muss dem Bevollmächtigten die Passwörter nennen.

CHECKLISTE

Vorsorgedokumente – richtig aufbewahren

→ **Informieren.** Ein Bevollmächtigter sollte informiert sein, welche Vollmachten und Verfügungen es gibt. Auch sollte er wissen, wo die Dokumente im Notfall zu finden sind, und Zugang zu ihnen haben. Sie liegen vielleicht zu Hause in der Schublade oder im Vorsorgeordner – sofern sie ihm nicht vorab übergeben wurden.

→ **Vorsorgeregister.** Wer die Dokumente hat, sollte dem Zentralen Vorsorgeregister bei der Bundesnotarkammer (ZVR) gemeldet werden. Im Notfall fragen Gerichte dort nach, ob Daten hinterlegt sind. Das Gericht erfährt so den Namen und die Anschrift eines Bevollmächtigten oder des vorgeschlagenen Betreuers. Wer die Dokumente mithilfe eines Notars erstellt hat, muss in der Regel nicht aktiv werden. Ein Notar übernimmt die Registrierung – sofern gewünscht.

→ **Kosten.** Die dauerhafte Registrierung der Daten kostet – je nach Umfang – ab 13 Euro. Ein Eintrag kann jederzeit geändert oder gelöscht werden, teils gebührenpflichtig.

→ **Kontakt.** Das Vorsorgeregister ist online (vorsorgeregister.de) oder per Post erreichbar: Bundesnotarkammer, Zentrales Vorsorgeregister, Postfach 08 01 51, 10001 Berlin. Tel. 0 800/3 55 05 00 (kostenlos).

→ **Versicherungen.** Vollmachtgeber sollten überlegen, welche Versicherungen der Bevollmächtigte verwalten, das heißt kündigen und gegebenenfalls neu abschließen darf. Gut ist, alle Verträge, von Kranken- über Haftpflicht-, Kfz-, Hausrat- bis hin zu Lebensversicherungen daraufhin durchzugehen. Bei Lebensversicherungen muss der in der Police eingetragene Bezugsberechtigte nicht unbedingt mit dem Bevollmächtigten identisch sein. Vollmachtgeber sollten sich überlegen, ob sie eine vorzeitige Kündigung durch den Bevollmächtigten ausschließen möchten.

→ **Bank/Sparkasse.** Oft ist es sinnvoll, wenn der Bevollmächtigte über das Konto verfügen darf. Vollmachtgeber und Bevollmächtigter sollten dies gemeinsam mit ihrer Bank klären. Banken und Sparkassen bieten hierfür eigene Bank- oder Kontovollmachten an. Ebenso ermöglicht eine von einem Notar beurkundete Vollmacht in der Regel den Kontozugriff.

→ **Immobilie.** Soll der Bevollmächtigte das Haus oder die Eigentumswohnung verkaufen dürfen, reicht eine einfache Unterschrift unter der Vorsorgevollmacht nicht aus. Vollmachtgeber haben dann zwei Möglichkeiten.

Erstens: Sie können die Vollmacht von einem Notar beurkunden lassen. Eine notarielle Vollmacht erkennen Grundbuchämter bei einer Immobilienübertragung an. Die Kosten für die Beurkundung richten sich nach dem Wert des Vermögens. Bei rund 250 000 Euro liegen die Gebühren bei etwa 300 Euro.

Zweitens: Die Unterschrift unter einer Vorsorgevollmacht wird von einer Betreuungsbehörde oder -stelle „öffentlich" beglaubigt. 10 Euro darf diese Beglaubigung kosten. Das Problem in der Praxis: Längst nicht alle der rund 400 Betreuungsbehörden und -stellen in Deutschland bieten diesen Service an.

→ **Einschränkungen.** Vollmachtgeber können die Aufgaben beschränken. Ihre Vorstellungen sollten sie konkret formulieren.

→ **Untervollmacht.** Die Vollmacht kann es dem Bevollmächtigten ausdrücklich erlauben, weitere Personen zu beauftragen. Der Bevollmächtigte darf dann eine Untervollmacht erteilen, um etwa Aufgaben zu delegieren.

→ **Dauer der Bevollmächtigung.** Die Vorsorgevollmacht bleibt so lange gültig, bis sie widerrufen wird. Ein Widerruf ist möglich, solange der Vollmachtgeber geschäftsfähig ist. Der Bevollmächtigte sollte dann keinen Zugriff mehr auf das Originaldokument haben. Auch sollte vermerkt sein, wie lang die Vollmacht gültig ist. Sinnvoll ist, wenn sie über den Tod hinaus Bestand hat. Liegt keine „transmortale" Vollmacht vor, sperrt die Bank in der Regel den Kontozugang.

Ausführliche Informationen zu Vorsorgevollmacht und Betreuungsverfügung erhalten Sie in unserem Ratgeber **Das Vorsorge-Set.** Sie können ihn für 14,90 Euro im Buchhandel oder online unter test.de/shop kaufen. Das Vorsorge-Set enthält auch die entsprechenden Formulare mit Schritt-für-Schritt-Anleitungen zum Ausfüllen.

Patientenverfügung

Jeder kann selbst bestimmen, wie er zu künstlicher Lebensverlängerung steht. Klare Worte helfen Arzt und Angehörigen.

Die Patientenverfügung soll sicherstellen, dass der eigene Wille und die Vorstellung vom Lebensende zählen, wenn es nicht mehr möglich ist, sich bewusst mitzuteilen. Ist ein Mensch in einem Notfall bei klarem Bewusstsein, spielt die Verfügung keine Rolle, denn er kann dann selbst mit den Ärzten sprechen und in eine medizinische Behandlung einwilligen oder diese ablehnen.

Für Ärzte rechtlich bindend

Eine Patientenverfügung ist für Ärzte rechtlich bindend. Allerdings reicht das Schriftstück nicht aus. Kann ein Mensch sich nicht mehr äußern, muss ein Vertreter, also ein Bevollmächtigter oder Betreuer, die Patientenverfügung umsetzen. Ein Arzt entscheidet nicht alleine, ob die Verfügung auf die konkrete Situation passt. Sind die Angaben in der Verfügung nicht konkret genug und sind sich Arzt und Bevollmächtigter nicht einig, was der Patient will, kann ein Ethikkonsil der Behandelnden mit dem Bevollmächtigten und eventuell weiteren Angehörigen erfolgen oder das Betreuungsgericht eingeschaltet werden.

So präzise wie möglich

Anhand des schriftlich festgelegten Willens in der Patientenverfügung entscheiden Ärzte unter Umständen über Leben oder Tod, etwa darüber, ob sie eine Behandlung abbrechen oder eine medizinische Maßnahme unterlassen. Deshalb muss aus der Patientenverfügung zweifelsfrei hervorgehen, ob der Patient in der vorliegenden Situation beispiels-

UNSER RAT

Selbst bestimmen

Patientenverfügung. Mit einer Patientenverfügung können Sie für den Fall vorsorgen, dass Sie selbst keine Entscheidungen mehr treffen können. Sie legen fest, für welche Krankheitssituation Sie in bestimmte Behandlungen einwilligen oder welche Maßnahmen Sie ablehnen. Je konkreter die Patientenverfügung, umso einfacher haben es später Ärzte, Bevollmächtigte oder Betreuer.

Verbindlich. Eine Patientenverfügung ist verbindlich. Ärzte müssen sich an Ihren Willen halten. Sie muss schriftlich vorliegen und unterschrieben sein.

Bedeutung im Notfall. Eine Patientenverfügung kann zur Folge haben, dass ein Arzt lebensverlängernde Maßnahmen unterlassen muss, selbst wenn er sie für medizinisch sinnvoll hält. Eine Verfügung ist das richtige Mittel, um in solch einem Fall das Selbstbestimmungsrecht zu wahren. Außerdem sollte es einen Menschen geben, der im Ernstfall die Verfügung durchsetzt. Die Wahl des Vertreters für die Gesundheitsfürsorge – in einer Vorsorgevollmacht oder Betreuungsverfügung – sollte deshalb gut überlegt sein.

weise wünscht, dass Ärzte versuchen, ihn wiederzubeleben, oder ob er künstlich beatmet und künstlich ernährt werden möchte.

Unpräzise Formulierungen wie „Ich will nicht an Schläuchen hängen" oder „Ich möchte in Würde sterben" helfen weder Ärzten noch Angehörigen für eine eindeutige Entscheidung. Der Satz „Ich wünsche keine lebensverlängernden Maßnahmen" ist ebenfalls zu unbestimmt. Das hat der Bundesgerichtshof (BGH) in einem Urteil klargestellt (Az. XII ZB 61/16).

Den Richtern lag der Fall einer 75-Jährigen vor. Ihre Töchter stritten darüber, ob ihre Mutter weiter künstlich ernährt werden sollte. Sie lag seit mehr als vier Jahren im Koma. Nach einem Hirnschlag und epileptischen Anfällen hatte sie ihr Bewusstsein verloren. Obwohl keine Aussicht darauf bestand, dass sie es wiedererlangt, wurde sie über eine Magensonde künstlich ernährt.

Die Mutter hatte in gesunden Tagen eine Patientenverfügung erstellt. Darin wünschte sie sich, dass in solch einer Behandlungssituation „lebensverlängernde Maßnahmen" unterbleiben. Diese Formulierung reicht nicht aus, um die Sondenernährung einzustellen, entschieden die Richter.

Der Frau hätte es geholfen, wenn sie sich in der Verfügung für die Behandlungssituation „Gehirnschädigung" zur Maßnahme „künstliche Ernährung" geäußert hätte.

Musterformulare helfen

Laien ohne medizinische Fachkenntnisse fühlen sich schnell überfordert, wenn sie eine Patientenverfügung erstellen wollen. Es gibt sehr gute Musterformulare, die den Anforderungen des BGH entsprechen. Auch die Stiftung Warentest bietet solche Formulare an. Sie finden die „Patientenverfügung" im Formularteil ab S. 113. Außerdem können Patienten zum Beispiel ihren Hausarzt ansprechen. Die Krankenkasse erstattet allerdings keine Beratungskosten. Manche Ärzte rechnen eine solche Leistung privat ab. Für 30 Minuten empfehlen Ärztekammern eine Gebühr von rund 61 Euro.

Sind Patienten bereits schwer erkrankt, ist es sinnvoll, den Krankheitsverlauf mit dem behandelnden Arzt zu besprechen. So können Behandlungswünsche konkret für die individuelle Situation in einer speziellen Patientenverfügung festgelegt werden.
Wichtig: Es ist sinnvoll, eine Patientenverfügung regelmäßig zu aktualisieren. Was vor zehn Jahren medizinischer Standard war, muss heute nicht mehr gelten.

Gesetzliche Betreuung

Betreuer springen ein, wenn jemand seinen Willen nicht mehr äußern kann und keine Vorsorgevollmacht erteilt hat.

Derzeit regelt Christiane Sens für 30 Menschen alles Bürokratische. Sie kündigt Handyverträge, löst Wohnungen auf, kontrolliert Kontoauszüge und spricht mit Ärzten, Vermietern oder Sozialstationen. Die Berlinerin ist Berufsbetreuerin. Sie hat zunächst eine Ausbildung als Rechtsanwalts- und Notargehilfin absolviert und danach Soziale Arbeit studiert. Die Menschen, für die sie die gesetzliche Betreuung übernommen hat, sind psychisch krank, geistig behindert, suchtkrank, leiden an Demenz oder wurden durch eine schwere Krankheit wie einen Schlaganfall aus ihrem bisherigen Leben geworfen. Einige der Betreuten sind jung und machen gerade eine schwierige Phase durch, für andere ist Christiane Sens bereits seit vielen Jahren tätig und wird es wohl bis zu deren Lebensende sein.

Nicht immer läuft alles glatt. „Bestimmte Verhaltensweisen der Betreuten kann ich leider nicht ändern", sagt sie. Einige schließen leichtfertig Verträge ab, andere haben Ärger mit Nachbarn und Vermietern oder geben ihr Geld schon lange vor dem Monatsende aus. In diesen Fällen versucht sie, Verträge zu widerrufen, mit Vermietern zu reden, und sie ist mitunter gezwungen, die Finanzen der Betreuten zukünftig stärker zu kontrollieren.

Rund 40 Prozent der Betreuungen leisten Profis wie Christiane Sens, in 60 Prozent übernehmen Ehrenamtliche die Aufgaben. Dann regeln Verwandte und Freunde Angelegenheiten für Menschen, die dazu selbst nicht mehr in der Lage sind.

Wann es zur Betreuung kommt

Betreuungsbehörden, Betreuungsgerichte und auch Gesundheitsämter organisieren den Einsatz. „Wir prüfen zunächst, ob Vorsorgevollmacht, Patientenverfügung oder Betreuungsverfügung vorliegen, diese auch nicht widerrufen wurden und ob der Bevollmächtigte sein Amt ausüben kann oder möchte", sagt Michael Hayn. Er ist Leiter der Betreuungsbehörde Steglitz-Zehlendorf in Berlin.

Durch Verfügungen in gesunden Zeiten kann bestimmt werden, wer im Notfall handeln und entscheiden soll. Eine Vorsorgevollmacht hat den Vorteil, dass sie im Notfall sofort gültig ist und die darin bevollmächtigte Person tätig werden kann. So kommt es nicht zu einer gerichtlich angeordneten Betreuung. Eine Vorsorgevollmacht setzt voraus, dass volles Vertrauen zum Bevollmächtigten besteht und dass die Vollmacht im Zustand der vollen Geschäftsfähigkeit erteilt wurde.

In einer Betreuungsverfügung schlägt ein Mensch vor, welche Person vom Gericht als Betreuer eingesetzt werden soll, wenn er selbst wegen Krankheit, Behinderung, den Folgen eines Unfalls oder anderer Umstände nicht in der Lage ist, sich um seine Angelegenheiten zu kümmern.

Verfahren beginnt nicht von allein

Die Einrichtung einer Betreuung muss schriftlich beim Betreuungsgericht angeregt werden – vom Betroffenen selbst oder sei-

UNSER RAT

Vertreter bestimmen

Vertreter. Wenn Sie Ihre Angelegenheiten nicht mehr selbst regeln können, brauchen Sie einen gesetzlichen Vertreter. Das gilt auch für Ihren Ehepartner, falls er in einer solchen Situation ist. Ehepartner sind nicht automatisch vertretungsbefugt.

Vorsorgevollmacht. Klären Sie früh über eine Vorsorgevollmacht (siehe „Vorsorgevollmacht", S. 17) oder Betreuungsverfügung, wer für Sie – wenn nötig – entscheiden soll.

nen Angehörigen. Häufig erhält das Gericht auch Hinweise von Außenstehenden, etwa von Krankenhäusern oder auch mal von einem Vermieter, dem auffällt, dass der Mieter zunehmend schusselig wird und zum Beispiel die Miete nicht mehr rechtzeitig überweist. Die Betreuung kann sogar anonym angeregt werden.

Nachdem das Betreuungsgericht informiert wurde, beauftragt es Sachverständige, die Gutachten zur Gesundheit und Lebenssituation des Betroffenen erstellen.

Psychiater oder Neurologen schreiben das medizinische Gutachten. Es erklärt, wie stark eine Erkrankung – zum Beispiel eine fortschreitende Demenz – oder eine Behinderung den Alltag des Betroffenen beeinflussen und wie lange er voraussichtlich Unterstützung brauchen wird.

Das Gericht gibt außerdem bei einem Betreuungsverein, der Betreuungsbehörde oder -stelle ein soziales Gutachten in Auftrag. Dieser Bericht geht auf die Lebensumstände des Betroffenen ein und hält fest, wer zum Beispiel aus dem familiären Umfeld bereit ist, die Betreuung zu übernehmen.

Richter macht sich ein Bild

Bevor der Richter des Betreuungsgerichts entscheidet, macht er sich persönlich ein Bild. Die Anhörung findet meist in der Wohnung des Betroffenen oder im Pflegeheim statt. Nach dem Ortstermin legt der Richter fest, in welchen Bereichen ein Mensch Hilfe braucht. Das Gericht informiert den Betroffenen, den Betreuer und die Betreuungsbehörde über seine Entscheidung. Der Betreuer erhält einen Ausweis, in dem die ihm übertragenen Aufgaben festgelegt sind. Diesen kann er anderen Personen vorlegen, etwa bei der Bank oder im Krankenhaus, und für den Betreuten handeln. Bei schwerwiegenden Entscheidungen, etwa einer lebensgefährlichen Operation, muss das Betreuungsgericht mitentscheiden.

Nur weil jemand einen gesetzlichen Vertreter hat, heißt das nicht, dass er geschäftsunfähig ist. Eine Geschäftsunfähigkeit muss vom Arzt festgestellt werden.

Spätestens nach sieben Jahren müssen die Voraussetzungen für die Betreuung erneut überprüft werden. Stellt sich heraus, dass sie nicht mehr erforderlich ist, wird sie aufgehoben. Mit dem Tod des Betreuten endet die Betreuung ohnehin.

Ehrenamt geht vor

Gibt es keinerlei Vorsorgedokumente oder hält das Gericht die in der Betreuungsverfügung vorgeschlagene Person für ungeeignet, suchen die Behörden nach geeigneten Betreuern – zuerst im Kreis der Angehörigen, dann unter Nachbarn oder anderen sozial engagierten Menschen aus dem Umfeld, erst in einem weiteren Schritt nach Profis.

Dabei nehmen sie Rücksicht auf verwandtschaftliche und sonstige persönliche Bindungen des Betroffenen.

Verantwortung übernehmen

Wer sich als Angehöriger oder Freund zu einer ehrenamtlichen Betreuung entschließt, übernimmt langfristig Verantwortung. Unterstützung bieten die Betreuungsbehörde, die Rechtspfleger des Betreuungsgerichts und die lokalen Betreuungsvereine. „Wer plant, eine gesetzliche Betreuung zu übernehmen, sollte sich frühzeitig beraten lassen", sagt Behördenleiter Hayn.

Ehrenamtliche Betreuer müssen dem Gericht einmal im Jahr Auskunft geben, wie es dem Betreuten geht. Dazu gehört zum Beispiel auch, Kontoauszüge und Übersichten über das verwaltete Vermögen vorzulegen. Nahe Angehörige wie Kinder und Ehepartner sind während der Betreuungsführung von der Rechnungslegung allerdings befreit.

Es ist möglich, eine Betreuung auf mehrere Schultern zu verteilen. „Wenn in einer Familie die Tochter bei einer Bank arbeitet, könnte sie die Vermögensangelegenheiten regeln. Der Bruder, der Krankenpfleger ist, könnte für die Gesundheitsfragen verantwortlich sein", sagt Hayn. Außerdem ist es möglich, dass ein Berufsbetreuer einen Teil der Betreuung übernimmt, den anderen Teil Angehörige.

Betreute müssen die Kosten tragen

Betreute, die nicht mittellos sind, müssen selbst für die Kosten der Betreuung und des Betreuungsverfahrens aufkommen. Ob jemand mittellos ist, richtet sich nach den Grundsätzen des Sozialhilferechts. Die Einkommensgrenze liegt bei 808 Euro im Monat plus Mietkosten. Wenn das Einkommen des Betreuten darunter liegt, gilt er als mittellos. Dann zahlt der Staat für die Betreuung.

Alles, was über den genannten Beträgen liegt, muss der Betreute für die Betreuung aufbringen. Allerdings steht ihm ein Schonvermögen von 5 000 Euro zu, das nicht angetastet werden darf.

Ehrenamtliche erhalten eine Aufwandsentschädigung von pauschal 399 Euro pro Jahr. Den Antrag dafür müssen sie bis zum 31. März des Folgejahres gestellt haben.

Berufsbetreuer werden nach dem Aufwand und der Dauer der Betreuungsaufgabe bezahlt. Ihre Pauschale pro Stunde liegt zwischen 27 und 44 Euro.

Was Betreuer regeln

→ **Gesundheitssorge.** Gehört die Gesundheitssorge zum Aufgabenkreis des Betreuers, kümmert er sich um alle gesundheitlichen Angelegenheiten des Betreuten. Er vertritt ihn beispielsweise gegenüber Ärzten und willigt für ihn in Untersuchungen, medizinische Behandlungen und ärztliche Eingriffe ein. Gibt es eine Patientenverfügung, muss sich der Betreuer daran halten.

→ **Vermögenssorge.** Im Rahmen der Vermögenssorge vertritt der Betreuer den Betreuten in finanziellen Fragen. Dazu gehören zum Beispiel das Beantragen von Sozialleistungen oder der Rente sowie das Abwehren unberechtigter Ansprüche und die Verwaltung des Vermögens. Der Betreuer muss das Wohl und die Wünsche des Betreuten immer im Blick behalten.

→ **Aufenthaltsbestimmung.** Der Betreuer wählt gemeinsam mit dem Betreuten einen geeigneten Aufenthaltsort aus. Dabei kann es zum Beispiel um die Frage gehen, ob der Betroffene weiter zu Hause leben kann oder in einem Pflegeheim besser aufgehoben ist.

Pflege finanzieren

Einen wichtigen Beitrag zur Finanzierung der Pflege leistet meist die Pflegekasse. Um Geld von der Kasse zu bekommen, benötigt der Pflegebedürftige einen Pflegegrad. Dieser wird bei einem Gutachterbesuch festgelegt, auf den Sie sich gut vorbereiten sollten.

Reichen das eigene Einkommen und die Leistungen der Pflegekasse nicht, um alle Kosten zu decken, können Sie staatliche Hilfen in Anspruch nehmen. Auch die Kinder müssen unter Umständen einen Beitrag in Form von Elternunterhalt leisten.

Der Weg zum Pflegegrad

Pflege kostet Geld. Die Pflegekasse zahlt auf Antrag. Vorher wird gutachterlich geklärt, ob Bedarf besteht. Wichtig ist, sich auf den Besuch des Gutachters gut vorzubereiten.

Sobald deutlich wird, dass ein Angehöriger sein Leben nicht mehr selbst regeln kann und regelmäßig auf Hilfe angewiesen ist, sollten Pflegeleistungen bei der Pflegekasse beantragt werden. Wie viel finanzielle Unterstützung ein Mensch bekommt, hängt davon ab, wie selbstständig er sein Leben führen kann und bei welchen Tätigkeiten er Hilfe braucht. Danach richtet sich die Einstufung in einen von fünf Pflegegraden. Je höher der Pflegegrad ist, desto mehr Geld gibt es (siehe Tabelle auf S. 35).

1 Der Antrag: Aller Anfang ist leicht. Ein Anruf oder eine E-Mail reicht.

Der Pflegebedürftige muss den Antrag auf Pflegeleistungen bei seiner Pflegeversicherung stellen. Sie ist bei der gesetzlichen Krankenkasse angesiedelt. Ist die pflegebedürftige Person beispielsweise bei der Barmer versichert, genügt es, den Antrag an die Barmer zu schicken mit der Bitte, ihn an die Pflegekasse weiterzuleiten. Privatversicherte müssen sich an ihre private Pflegeversicherung wenden (siehe „Privat pflegeversichert“, S. 32).

Angehörige, Bekannte oder Nachbarn können die Leistungen für den Versicherten beantragen, wenn er sie bevollmächtigt hat. In der Vollmacht muss der Versicherte die Person namentlich nennen und erklären, in welchen Angelegenheiten sie Vertretungsbefugnis hat. Liegt eine Vorsorgevollmacht vor, ist der genannte Bevollmächtigte Ansprechpartner für die Pflegekasse. Eine Kopie der Vollmacht muss dem Antrag beigelegt werden.

Für den Antrag reicht zunächst sogar ein Anruf bei der Kasse; die Bevollmächtigung kann später nachgewiesen werden. Wichtig ist es, sich den Namen des Gesprächspartners und den Zeitpunkt des Telefonats zu notieren. Ebenfalls rasch und gleichzeitig besser zu belegen ist ein Antrag per E-Mail oder Fax. So haben Antragsteller und Angehörige einen Datumsnachweis für ihren Antrag. Das Datum ist wichtig, weil die Pflegekasse rückwirkend ab dem Monat der Antragstellung zahlt.

Für den Antrag genügen erst einmal der Name, die Anschrift und ein Satz: „Hiermit beantrage ich ab dem heutigen Tag Leistungen aus der Pflegeversicherung und bitte um kurzfristige Begutachtung.“ Einen Musterbrief finden Sie im Formularteil ab S. 113.

2 Die Beratung: Pflegebedürftige und Angehörige haben Anspruch darauf.

Sobald der Antrag bei der Pflegekasse eingegangen ist, muss die Kasse dem Versicherten einen Beratungstermin anbieten oder ihm einen Gutschein für eine unabhängige Beratungsstelle schicken. Der Beratungstermin muss innerhalb von zwei Wochen liegen. Er kann auf Wunsch beim Pflegebedürftigen oder beim Angehörigen zu Hause stattfinden.

3 Das Formular: Den Entlastungsbetrag gleich mit beantragen.

Die Pflegekasse schickt zudem ein Formular per Post an den Pflegebedürftigen, das ausgefüllt und unterschrieben werden muss. Das Formular ist oft direkt auf den Internetseiten der Pflegekassen abrufbar. Möchte der Versicherte sich nicht darum kümmern, kann seine bevollmächtigte Vertrauensperson es ausfüllen und unterschreiben.

Neben persönlichen Daten wird in dem Formular erfragt, welche Ursachen die Pflegebedürftigkeit hat und welche Leistungen der Antragsteller in Zukunft erhalten will. Ist noch nicht klar, wie die Pflege organisiert werden soll, sollten Sie die Angaben so machen, wie es der aktuellen Planung entspricht. Details können Sie nachreichen, Leistungen später noch ändern oder aufstocken. Zudem sollten Sie den Entlastungsbetrag (siehe „Geld für die Pflege", S. 33) gleich mitbeantragen. Dafür reicht ein formloser Hinweis auf dem Formular.

Auch nach Pflegepersonen wird gefragt. Angehörige, die die Pflege übernehmen möchten, sollten den „Fragebogen zur Zahlung der Beiträge zur sozialen Sicherung für nicht erwerbsmäßig tätige Pflegepersonen" ausfüllen und mitschicken. So können sie Rentenpunkte sammeln (siehe „Rente für Pflegende", S. 40). Darüber hinaus haben Pflegende Anspruch auf Arbeitslosen- und Unfallversicherungsschutz.

4 Die Voraussetzungen: Die Kasse prüft zwei formale Kriterien.

Ist das ausgefüllte Formular bei der Pflegekasse eingegangen, prüft sie in der Regel innerhalb weniger Tage zunächst, ob der Versicherte überhaupt versicherungstechnisch die Voraussetzungen für Pflegeleistungen erfüllt. Das ist der Fall, wenn er in den vergangenen zehn Jahren mindestens zwei Jahre in die Pflegeversicherung eingezahlt hat oder familienversichert war. Bei pflegebedürftigen Kindern, die in der Regel über ihre Familie mitversichert sind, genügt es, wenn ein Elternteil die Vorversicherungszeit erfüllt.

Darüber hinaus muss der Pflegebedürftige voraussichtlich für mindestens sechs Monate auf Hilfe angewiesen sein.

UNSER RAT

So gehen Sie vor

Leistungen. Beantragen Sie Leistungen der Pflegeversicherung bei der Krankenkasse oder privaten Pflegeversicherung, sobald Sie merken, dass Ihr Angehöriger auf Dauer Hilfe braucht.

Antrag. Stellen Sie den Antrag am besten per E-Mail oder Fax. Datieren Sie ihn, da die Pflegekasse bei Bewilligung rückwirkend zahlt. Die Kasse schickt Ihnen daraufhin ein Formular, das Sie ausfüllen müssen.

Beratung. Nutzen Sie die Beratung, die Ihnen die Pflegekasse anbietet, beziehungsweise den Gutschein für eine unabhängige Beratungsstelle, den sie Ihnen zuschickt.

Begutachtung. Die Pflegekasse schickt einen Gutachter, der den Pflegebedarf Ihres Angehörigen prüfen soll. Bevor er kommt, überlegen Sie gemeinsam, was noch gut klappt und was nicht. Halten Sie Belege bereit, zum Beispiel Arztberichte.

Bearbeitung. Zwischen Antragstellung und Bescheid dürfen in der Regel nur 25 Arbeitstage vergehen. Lehnt die Kasse Ihren Antrag ab, legen Sie Widerspruch ein.

5 Die Begutachtung: 64 Prüfpunkte bestimmen den Pflegegrad.

Sind die Voraussetzungen erfüllt, sollte sich bald ein Gutachter des Medizinischen Dienstes der Krankenkasse (MDK) melden. Eile ist nötig, denn innerhalb von 25 Arbeitstagen ab Antrag muss entschieden werden. Bei Privatversicherten übernimmt dies ein Gutachter der Firma Medicproof. Selten, etwa bei schwer kranken Patienten im Krankenhaus, fällt die Entscheidung vorerst nach Aktenlage.

Beim Begutachtungstermin soll der Sachverständige herausfinden, wie gut der An-

CHECKLISTE

Wie Sie den Gutachtertermin vorbereiten

→ **Termin.** Haben Sie Pflegeleistungen beantragt, wird sich ein Gutachter des Medizinischen Dienstes der Krankenkassen (MDK) bei Ihnen melden und einen Termin zur Begutachtung des Pflegebedürftigen mit Ihnen vereinbaren. Bei privat Pflegeversicherten ist es ein Mitarbeiter von Medicproof. Der Gutachter muss Ihre Wünsche bei der Terminfindung berücksichtigen. Hat er einen Vorschlag, überlegen Sie, ob Sie ausreichend Zeit zur Vorbereitung haben werden. Auch am Tag der Begutachtung sollten Sie genug Zeit einplanen: In der Regel dauert der Termin eine Stunde. Rechnen Sie noch eine Stunde davor und danach hinzu.

→ **Beratung.** Wenn möglich, lassen Sie sich vor dem Termin beraten. Pflegestützpunkte, Pflegedienste, Sozialstationen und freie Pflegeberater können den Pflegebedarf realistisch einschätzen und bei der Vorbereitung auf den Besuch helfen.

→ **Unterlagen.** Stellen Sie Kopien von allen Unterlagen zusammen, die Aufschluss über Erkrankungen und Pflegeaufwand geben. Dazu gehören etwa aktuelle Arztberichte, Befunde, Medikamentenplan, Entlassungsberichte aus Krankenhaus oder Rehaeinrichtung und die Pflegedokumentation, wenn schon ein ambulanter Pflegedienst tätig ist. Erstellen Sie eine Liste aller Ärzte, Therapeuten und Pflegepersonen.

→ **Tagesablauf.** Gutachtern hilft es, wenn Sie den typischen Pflegealltag genau schildern können. Notieren Sie vorher, was der Angehörige noch allein erledigen kann, wo er Probleme hat und Hilfe benötigt. Dabei hilft das „Pflegeprotokoll" im Formularteil ab S. 113. Ihre Aufzeichnungen können eine wichtige Grundlage für das Gespräch mit dem Experten sein.

→ **Gespräch.** Bereiten Sie auch den Pflegebedürftigen auf die Begutachtung vor. Erklären Sie ihm, dass der Gutachter einen authentischen Eindruck seiner Situation gewinnen möchte. Er sollte sie weder besser darstellen, als sie ist, noch sie dramatisieren. Falsche Scham ist kein guter Ratgeber. Überlegen Sie gemeinsam, was ihm im Alltag besondere Schwierigkeiten bereitet, wobei er Hilfe benötigt und was er noch alleine kann. Auch Sie als Angehöriger sollten die Umstände so nüchtern wie möglich schildern. Übertreibungen und dramatische Berichte machen es Sachverständigen schwer, die Lage eines Antragstellers richtig einzuschätzen. Falsche Angaben können sich negativ auf die Einstufung auswirken.

tragsteller allein klarkommt. Wie schwer eine Erkrankung oder Behinderung ist, spielt dagegen keine Rolle. Entscheidend ist, wie stark die Selbstständigkeit in Alltagssituationen eingeschränkt ist. Um dies zu prüfen, kommt der Gutachter meist zum Hausbesuch. Pflegebedürftige und Angehörige sollten sich auf den Termin vorbereiten.

Der Gutachter orientiert sich an insgesamt acht sogenannten Modulen mit insgesamt 64 Prüfpunkten. So geht es zum Beispiel um die Mobilität des Antragstellers, seine kommunikativen Fähigkeiten und darum, wie gut er sich allein versorgen kann.

Der Sachverständige wird den Versicherten befragen und bestimmte Übungen mit ihm machen. Er bittet ihn beispielsweise, sich hinzusetzen, aufzustehen und Treppen zu steigen. Er testet auch, wie gut der Antragsteller einem Gespräch folgen und was er sich merken kann. Punkte vergibt er nur in sechs Bereichen. Ihre Zahl hängt von der Schwere der Beeinträchtigung ab. Aus der Gesamtpunktzahl ergibt sich der Pflegegrad. Die zwei weiteren Bereiche sollen helfen, eine bessere Versorgung sicherzustellen.

Wer die Prüfkriterien genau nachlesen möchte, findet die Begutachtungsrichtlinien auf der Internetseite des MDK (mdk.de/versicherte/pflegebegutachtung).

Stellt der Gutachter fest, dass der Pflegebedürftige zum Beispiel durch bestimmte Hilfsmittel besser zurechtkommen würde, sollte er das ins Gutachten schreiben. Das gilt dann direkt als Antrag bei der Kasse.

Besonderheiten gibt es bei der Begutachtung von Kindern: Soll die Pflegebedürftigkeit eines Kindes festgestellt werden, wird es mit einem gesunden Kind gleichen Alters verglichen. Die Begutachtung führen besonders geschulte Gutachter des MDK oder unabhängige Kinderpfleger oder Kinderärzte aus.

6 Das Gutachten: Die Pflegekasse hat das letzte Wort.

Nach dem Termin erstellt der Sachverständige ein Pflegegutachten und schlägt der Pflegekasse einen Pflegegrad vor. Nicht er selbst, sondern die Pflegekasse entscheidet dann. Sie orientiert sich am Gutachten und legt den Pflegegrad fest oder lehnt eine Pflegebedürftigkeit ab. Zwischen Antragstellung und Einstufung dürfen maximal 25 Arbeitstage vergehen. In akuten Fällen, zum Beispiel wenn jemand im Krankenhaus liegt, verkürzt sich die Frist auf eine Woche. Für jede weitere angefangene Woche, die ohne Entscheidung verstreicht, muss die Pflegekasse 70 Euro an den Antragsteller zahlen.

7 Der Bescheid: Ist der Pflegegrad anerkannt, gibt es Geld.

Die Pflegekasse schickt den Bescheid über die Einstufung zusammen mit dem Gutachten an den Antragsteller oder an den Bevollmächtigten. Hat die Pflegekasse einen Pflegegrad anerkannt, erhält der Bedürftige rückwirkend vom Datum der Antragstellung an Leistungen aus der Pflegeversicherung. Erhöht sich der Pflegebedarf und reichen die Mittel aus dem bisherigen Pflegegrad nicht, müssen Sie einen Antrag auf Höherstufung bei der Pflegekasse stellen. Einen Musterbrief finden Sie im Formularteil ab S. 113. In der Regel kommt es zu einer erneuten Begutachtung – nach denselben Kriterien wie bei der Erstbegutachtung.

8 Der Widerspruch: So schnell wie möglich auf den Weg bringen.

Legt die Pflegekasse keinen oder einen zu niedrigen Pflegegrad fest, kann der Antragsteller gegen den Bescheid schriftlich Widerspruch einlegen. Dafür hat er einen Monat Zeit – ab dem Tag der Zustellung. Wurde das Schreiben beispielsweise am 21. April zugestellt, muss der Widerspruch bis zum 21. Mai bei der Pflegekasse eingehen.

Sie müssen den Widerspruch begründen. Bei der Begründung sollten Sie sich auf das Pflegegutachten beziehen. Falls das Gutachten nicht beilag, sollten Sie es unbedingt bei der Pflegekasse anfordern. Im Widerspruchsschreiben sollten Sie darlegen, warum das Gutachten den tatsächlichen Hilfebedarf nicht richtig wiedergibt. Mögliche Einwände können zum Beispiel sein, dass der Gutachter einzelne Hilfeleistungen nicht ausreichend berücksichtigt hat, nicht auf Erklärungen des Pflegebedürftigen oder Angehöriger eingegangen ist oder sich zu wenig Zeit genommen hat. Bei der Formulierung des Widerspruchs kann ein Gespräch mit dem behandelnden Hausarzt, einem Pflegeberater oder einem Mitarbeiter eines ambulanten Pflegedienstes helfen.

Damit die Widerspruchsfrist in jedem Fall eingehalten wird, bietet es sich an, zunächst nur formal Widerspruch einzulegen und die Begründung nachzureichen. Dabei hilft unser Musterbrief im Formularteil ab S. 113.

9 Die Klage: Innerhalb eines Monats vor Gericht gehen.

Hat der Widerspruch keinen Erfolg, auch nicht nach einem von der Pflegekasse möglicherweise beauftragten Zweitgutachten, kann der Versicherte zu einem späteren Zeitpunkt einen neuen Antrag stellen. Er kann auch Klage beim Sozialgericht einreichen. Die Frist hierfür beträgt einen Monat nach dem Erhalt des Widerspruchsbescheids. Das Verfahren ist kostenfrei. Der Kläger muss nur einen von ihm gegebenenfalls beauftragten Anwalt bezahlen – wenn er den Prozess verliert.

Privat pflegeversichert – So stellen Privatversicherte den Antrag auf Pflegeleistungen

Grundsätzlich gilt: Die Pflegeversicherung folgt der Krankenversicherung. Wer privat krankenversichert ist, hat auch seine Pflegepflichtversicherung bei seiner privaten Krankenversicherung. Das Antragsverfahren läuft ähnlich ab wie bei der gesetzlichen Pflegeversicherung.

Formular. Antragsformulare finden privat Versicherte meist auf den Internetseiten ihres privaten Krankenversicherers. Diese müssen sie ausfüllen, unterschreiben und an den Versicherer schicken. Das kann auch ein Bevollmächtigter für sie übernehmen.

Beratung. Privat Versicherte können sich beraten lassen – auch in ihren eigenen vier Wänden. Ansprechpartner ist das Unternehmen Compass Private Pflegeberatung, telefonisch erreichbar unter 0800/1018800. Die Beratung ist kostenlos.

Gutachter. Die privaten Krankenversicherungen haben einen eigenen medizinischen Dienst: die Firma Medicproof. Nachdem der Antrag auf Pflegeleistungen beim Versicherer eingegangen ist, wird sich ein Mitarbeiter von Medicproof melden und einen Termin zur Begutachtung vereinbaren. Auf der Internetseite von Medicproof finden Sie viele Informationen zum Ablauf der Begutachtung und zu den Prüfkriterien (Medicproof.de).

Entscheidung. Die Versicherung entscheidet über die Einstufung in einen Pflegegrad. Versicherte bekommen eine schriftliche Mitteilung. Wenn Sie damit nicht einverstanden sind, können Sie sich mit Ihren Einwänden an den Versicherer wenden oder, anders als bei der gesetzlichen Pflegeversicherung, direkt klagen. Die Frist dafür beträgt sechs Monate ab Zustellung des Bescheids.

Geld für die Pflege

Wer einen Pflegegrad hat, dem hilft die Pflegekasse. Auch für Pflegende hält sie Leistungen bereit.

Die gesetzliche Pflegeversicherung beteiligt sich an den Kosten für die Pflege, sobald der Mensch, der Hilfe braucht, in einen Pflegegrad eingestuft wurde. Gleiches gilt für die private Pflegeversicherung.

Unterschieden werden Pflegegrade von 1 bis 5. Von der Einstufung hängt ab, wie viel Leistungen ein Pflegebedürftiger erhält. Die höchste Unterstützung gibt es im Pflegegrad 5. Hat die Pflegekasse einen Pflegegrad zuerkannt, sind die Leistungen abrufbar.

In der Regel decken die Leistungen nur einen Teil der Pflegekosten. Die Lücke muss der Pflegebedürftige neben seinen sonstigen Lebenshaltungskosten wie Miete oder Ausgaben für Lebensmittel und Kleidung mit eigenen Mitteln schließen. Das gilt für Pflege zu Hause wie im Heim. Kann jemand die Kosten nicht allein bewältigen, kann er Hilfe vom Staat bekommen (siehe „Hilfe vom Staat", S. 51).

Pflegegrad 1: Nur Entlastungsbetrag

Der Pflegegrad 1 wird jenen zugesprochen, die noch in der Lage sind, sich selbst zu versorgen, und im Alltag weitgehend ohne Hilfe klarkommen. Sie sind nur geringfügig hilfsbedürftig, etwa weil sie sich nur eingeschränkt bewegen können und zum Beispiel Hilfe beim Einkaufen oder Putzen ihrer Wohnung oder einfach eine Alltagsbegleitung brauchen. In diesen Fällen fließt der Entlastungsbetrag von maximal monatlich 125 Euro. Er wird aber nicht ausgezahlt. Die Pflegekasse erstattet tatsächlich angefallene Kosten.

Der Pflegebedürftige kann den Entlastungsbetrag zum einen für Betreuungsangebote einsetzen, etwa für Tages- oder Nachtpflege, Kurzzeitpflege oder für Besuche von ehrenamtlichen Helfern bei ihm zu Hause. Darüber hinaus lassen sich mit dem Entlastungsbetrag zum Beispiel auch Hilfen im Haushalt finanzieren.

Die Pflegekasse akzeptiert nur Rechnungen von Diensten, die vom jeweiligen Bundesland anerkannt sind. Je nach Bundesland gelten unterschiedliche Regelungen. Übersichten der jeweils anerkannten Angebote mit Leistungen und Preisen müssen die Pflegekassen ihren Versicherten zur Verfügung stellen. Erbringen Pflegedienste Hilfeleistungen nach Entlastungsbetrag, rechnen sie den Betrag normalerweise direkt mit der Pflegekasse ab.

Pflegebedürftige müssen den Entlastungsbetrag nicht jeden Monat aufbrauchen. Sie können Beträge auch über Monate hinweg zu einem Budget ansparen. Dieses können sie dann beispielsweise nutzen, wenn sie für mehrere Wochen in eine Kurzzeitpflege gehen und für die Unterkunftskosten der Einrichtung selbst aufkommen müssen. Zu beachten ist dabei: Die gesammelten Beträge eines Jahres müssen spätestens im darauffolgenden Kalenderhalbjahr abgerufen sein. Anderenfalls verfällt das Budget.

Auch Menschen, die mit Pflegegrad 1 schon im Heim leben, können monatlich 125 Euro Zuschuss bekommen. In den höheren Pflegegraden gibt es den Entlastungsbetrag bei ambulanter Pflege zusätzlich zu den anderen Leistungen. Wenn Pflegebedürftige dann in einer Pflegeeinrichtung leben, gibt es ihn nicht.

Pflegegrad 2 bis 5: Mehr Zuschüsse

In den Pflegegraden 2 bis 5 sind die gewährten Summen höher (siehe Tabelle „So viel zahlt die Pflegekasse", rechts). Wer zu Hause gepflegt wird, kann zwischen Pflegegeld und Pflegesachleistungen wählen oder beides kombinieren.

Lässt sich jemand von Laien pflegen, etwa nahen Angehörigen oder einem Nachbarn, bekommt er Pflegegeld. Er kann dieses Geld als Aufwandsentschädigung an die pflegende Person weitergeben.

Versicherte, die einen professionellen Pflegedienst in Anspruch nehmen, erhalten sogenannte Pflegesachleistungen. Hierbei vereinbaren sie mit dem Pflegedienst bestimmte Tätigkeiten, beispielsweise Hilfe bei der Körperwäsche, beim An- und Ausziehen oder beim Essen und Trinken (siehe „Was Pflegedienste leisten", S. 88). Der Pflegedienst rechnet direkt mit der Pflegekasse ab, dem Versicherten wird kein Geld ausgezahlt.

In Pflegegrad 2 gibt es monatlich 316 Euro Pflegegeld, in Pflegegrad 5 sind es 901 Euro. Für Pflegesachleistungen steht mehr Geld zur Verfügung. In Pflegegrad 2 sind es 689 Euro, in Pflegegrad 5 1 995 Euro.

Kombinationen sind durchaus möglich ...

Pflegegeld und Sachleistungen lassen sich auch kombinieren: So können Sie nur einen Teil der Pflegesachleistungen für einen Pflegedienst nutzen und sich zusätzlich Pflegegeld auszahlen lassen.

Beispiel: Irene Böhm hat Pflegegrad 3. Ihr stehen 1 298 Euro für Pflegesachleistungen oder 545 Euro Pflegegeld zu. Die Pflege teilen sich ihre Tochter Katrin und ein Pflegedienst. Frau Böhm entscheidet sich für 60 Prozent Pflegesachleistungen und 40 Prozent Pflegegeld. Für den Pflegedienst stehen ihr so 778,80 Euro (60 Prozent von 1 298 Euro) zu, für Katrin 218 Euro (40 Prozent von 545 Euro).

... und lohnen sich

Darüber hinaus unterstützen die Kassen in Pflegegrad 2 bis 5 Aufenthalte in einer Tages- und Nachtpflege. Der Pflegebedürftige verbringt dann einige Stunden tagsüber oder nachts in einer stationären Einrichtung. Das bietet sich an zur Entlastung pflegender Angehöriger, die berufstätig sind.

Die Tages- und Nachtpflege wird weder auf die Pflegesachleistungen noch auf das Pflegegeld angerechnet. In Pflegegrad 2 zum Beispiel gibt es für Tages- und Nachtpflege 689 Euro im Monat, in Pflegegrad 5 sind es 1 995 Euro. Kosten für Unterkunft und Verpflegung in der Einrichtung muss der Versicherte allerdings selbst bezahlen.

Beispiel: Klaus Zeidler hat Pflegegrad 3. Ein Pflegedienst kommt täglich zu ihm. Dafür stellt die Pflegekasse 1 298 Euro im Monat zur Verfügung. Weil er nachts unruhig ist und in der gemeinsamen Wohnung herumläuft, kann sein berufstätiger Sohn Simon kaum noch schlafen. Klaus ist einverstanden, drei Nächte in der Woche in eine Einrichtung für Nachtpflege zu gehen, um Simon zu entlasten. Dafür erhält er von der Pflegekasse bis zu 1 298 Euro extra. Kombinieren die Zeidlers also Pflegesachleistungen und Nachtpflege, können sie insgesamt Leistungen in Höhe von 2 596 Euro monatlich beanspruchen.

So viel zahlt die Pflegekasse im Monat

Pflegegrad	1	2	3	4	5
Pflege durch Angehörige (max. Euro)	0	316	545	728	901
Professionelle Pflege zu Hause (max. Euro)	0	689	1 298	1 612	1 995
Tages- und Nachtpflege (max. Euro)	0	689	1 298	1 612	1 995
Kurzzeit- und Verhinderungspflege [1]	0	1 612	1 612	1 612	1 612
Pflege im Heim (max. Euro)	125	770	1 262	1 775	2 005
Entlastungsbetrag ambulant (max. Euro)	125	125	125	125	125
Pflegehilfsmittel (max. Euro)	40	40	40	40	40

1) Jährlicher Anspruch maximal in dieser Höhe für bis zu acht Wochen in der Kurzzeitpflege und sechs Wochen in der Verhinderungspflege.

Weitere Leistungen der Pflegekasse

Versicherten in den Pflegegraden 2 bis 5 stehen zudem zwei Extraleistungen zu. Die Kasse zahlt zum einen für vorübergehende Pflege in einem Heim (siehe „Kurzzeitpflege", S. 38) und zum anderen für die sogenannte Verhinderungspflege. Letztere bekommen Menschen, deren Pflegeperson kurzzeitig ausfällt und die einen Ersatz brauchen (siehe „Verhinderungspflege", S. 72).

Außerdem zahlt die Pflegekasse in Pflegegrad 1 bis 5 bis zu 40 Euro im Monat für Hilfsmittel, die zum Verbrauch bestimmt sind, wie etwa für Windeln. Für Hilfsmittel wie Toilettenstuhl, Hausnotruf und Pflegebett trägt sie den größten Teil der Kosten. Pflegebedürftige müssen nur einen Eigenanteil von 10 Prozent des Preises zahlen – höchstens aber jeweils 25 Euro.

Im Heim wird ein Eigenanteil fällig

Für die Pflege in einer stationären Einrichtung zahlt die Pflegekasse weit höhere Sätze als für Pflege zu Hause durch Angehörige. Auch diese Beträge richten sich nach dem Pflegegrad. Im Pflegegrad 2 zahlt die Kasse 770 Euro und im höchsten Pflegegrad sind es 2 005 Euro.

Das Geld deckt jedoch meist nicht die kompletten Heimkosten. Versicherte müssen einen Eigenanteil zahlen. Er ist je nach Heim unterschiedlich hoch. Dabei gibt es gravierende Unterschiede zwischen den einzelnen Bundesländern: In Thüringen zum Beispiel beträgt der Eigenanteil im Durchschnitt rund 240 Euro im Monat, in Berlin rund 870 Euro. Den je nach Heim geltenden Eigenanteil handeln Pflegekassen und Einrichtungen aus.

Für Bewohner ist der Eigenanteil dann in einem bestimmten Heim in den Pflegegraden 2 bis 5 jeweils gleich hoch. Er steigt auch nicht, wenn der Versicherte später in einen höheren Pflegegrad eingestuft wird.

Neben dem Eigenanteil für die Pflege müssen Heimbewohner Unterkunft, Verpflegung, Investitionskosten und eventuell eine Ausbildungsumlage bezahlen. Diese Kosten machen im Schnitt 1 200 Euro pro Monat aus.

Pflegekassen unterstützen Umbau

Wer langfristig zu Hause gepflegt werden kann, muss nicht in ein Heim ziehen. Mit einigen Veränderungen können Wohnung

UNSER RAT

Beratung nutzen

Geld. Das Geld der gesetzlichen Pflegeversicherung reicht nur selten für die komplette Finanzierung der Pflege – besonders im Heim. Den Rest tragen Sie als Familie. Haben Sie wenig Einkommen und nur geringe Ersparnisse, springt das Sozialamt ein (siehe „Hilfe vom Staat", S. 51).

Unterstützung. Hat Ihr Angehöriger einen Pflegegrad, unterstützt die Pflegekasse auch Sie als pflegenden Angehörigen, etwa durch kostenlose Pflegekurse (siehe „Pflegekurse", S. 69). Zudem steht Ihnen ab und zu eine Auszeit zu. Auch hierbei hilft die Pflegekasse (siehe „Verhinderungspflege", S. 72).

Beratung. Beantragen oder beziehen Sie bereits Pflegeleistungen, haben Sie und der Pflegebedürftige Anspruch auf eine kostenlose Pflegeberatung. Eine Anlaufstelle dafür ist ein Pflegestützpunkt. Für gesetzlich Krankenversicherte gibt es ortsnahe Adressen von der Kasse. Privat Versicherte wenden sich an die Compass Private Pflegeberatung (Tel. 0 800/1 01 88 00).

Internet. Auf der Internetseite des Zentrums für Qualität in der Pflege (bdb.zqp.de) können Sie über Ihre Postleitzahl nahe gelegene Beratungsstellen suchen.

oder Haus altersgerecht gestaltet werden: Türschwellen werden abgebaut, Haltegriffe angebracht, Teppiche entfernt (siehe „Die Wohnung anpassen", S. 56).

Umfangreiche Maßnahmen wie die Vergrößerung des Badezimmers können allerdings mehrere Tausend Euro kosten. Hat ein Mensch bereits einen Pflegegrad, unterstützt die Pflegekasse den Umbau mit bis zu 4 000 Euro. Muss später noch mehr verändert werden, zahlt sie erneut.

Mehrere unter einem Dach

Teilen sich mehrere Pflegebedürftige eine Wohnung, kann jeder von ihnen den Zuschuss zum Umbau in Anspruch nehmen. Maximal 16 000 Euro kann eine Pflege-Wohngemeinschaft (siehe „Pflege-WGs", S. 97) so erhalten.

Außerdem zahlen die Kassen jedem Pflegebedürftigen, der eine Pflege-WG gründet oder daran beteiligt ist, eine Anschubfinanzierung von 2 500 Euro zur altersgerechten Umgestaltung der Wohnung – allerdings nur bis zu einem Höchstbetrag von insgesamt 10 000 Euro.

In einer Pflege-WG leben drei bis zwölf Bewohner zusammen. Jeder hat sein eigenes Zimmer, das er nach seinen Vorstellungen einrichten kann. Nur drei der Bewohner müssen einen Pflegegrad haben. Jeder Pflegebedürftige erhält von der Kasse monatlich einen Wohngruppenzuschlag von 214 Euro. Dieses Geld soll vor allem helfen, eine Person zu finanzieren, die sich rund um die Uhr um die Bewohner kümmert. Außerdem können sie gemeinsam einen Pflegedienst engagieren und so Geld sparen.

Absicherung von Pflegenden

Neben all den Leistungen, die Pflegekassen ihren Versicherten gewähren, zahlen sie auch für die Absicherung pflegender Angehöriger und anderer Personen, die nicht erwerbsmäßig pflegen. Voraussetzung für ihre Beiträge zur Arbeitslosen- und Rentenversicherung ist, dass die Pflegeperson regelmäßig einen oder mehrere Menschen mit Pflegegrad 2 oder höher in ihrer häuslichen Umgebung an mindestens zwei Tagen in der Woche für mindestens zehn Stunden pro Woche versorgt.

Beiträge in Arbeitslosen-versicherung

Pflegende Angehörige oder andere ehrenamtlich Pflegende sind in der Arbeitslosenversicherung versichert. Die Beiträge zahlt die Pflegekasse des Pflegebedürftigen. Voraussetzung ist jedoch, dass die Pflegeperson vor der Pflegetätigkeit wegen eines Beschäftigungsverhältnisses bereits versichert war oder Entgeltersatzleistungen wie Arbeitslosengeld bezog. Pflegende haben damit nach dem Ende der Pflege Anspruch auf Arbeitslosengeld und Maßnahmen zur Arbeitsförderung, falls sie nicht in ihren Beruf zurückkehren können. Aber: Ist der Pflegende weiterhin anderweitig beschäftigt, etwa weil er noch einer Teilzeitbeschäftigung nachgeht, gilt diese Regelung nicht.

Unfall oder Verletzung

Wer einen Angehörigen pflegt und sich dabei verletzt oder verunglückt, ist über die gesetzliche Unfallversicherung abgesichert. Die Pflegeversicherung des Pflegebedürftigen meldet die Pflegeperson von sich aus bei der zuständigen Unfallkasse an und zahlt ihre Beiträge für die Zeit der Pflege.

Die Unfallversicherung zahlt eine umfangreiche Heilbehandlung, Arznei- und Hilfsmittel, Transport- und Fahrtkosten – ohne dass für Pflegende zum Beispiel Eigenanteile im Krankenhaus oder Zuzahlungen für Medikamente anfallen.

Das gilt etwa, wenn der Pflegende sich beim Umbetten verhebt und eine Rückenverletzung erleidet oder wenn er beim Einkaufen für den Pflegebedürftigen angefahren wird. Wichtig ist, dass die Tätigkeit, bei der der Unfall passiert ist, überwiegend dem Pflegebedürftigen zugutekommt. So ist der Pflegende zum Beispiel bei der Begleitung

INFO

Was die Krankenkasse übernimmt

→ **Krankenpflege.** Sofern es medizinisch notwendig ist, kann ein Arzt häusliche Krankenpflege verordnen, wenn niemand sonst im Haushalt den Kranken versorgen kann. Gesetzlich Krankenversicherte müssen einen Eigenanteil zahlen: 10 Euro pro Verordnung und 10 Prozent der Pflegekosten, aber nur für die ersten 28 Tage.

→ **Kurzzeitpflege.** Reicht die häusliche Krankenpflege nicht aus, bietet sich eine Kurzzeitpflege an. Die Krankenkasse übernimmt die Kosten von bis zu 1 612 Euro, sofern der Kranke keinen Pflegegrad hat. Denn dann springt die Pflegeversicherung ein.

→ **Haushaltshilfe.** Kann ein gesetzlich Krankenversicherter seinen Haushalt wegen einer Erkrankung nicht selbst führen und gibt es niemanden, der das übernimmt, bezahlt die Krankenkasse auch eine Haushaltshilfe. Jede Kasse zahlt bis zu 4 Wochen Hilfe, in manchen Fällen sogar bis längstens 26 Wochen, etwa wenn ein Kind unter 12 Jahren im Haushalt lebt (mehr auf test.de/krankenkassen). Den Antrag auf Haushaltshilfe stellen Versicherte mit dem Hausarzt. Das Formular dafür gibt es bei ihrer Krankenkasse. Um die Organisation der Hilfe kümmert sich in der Regel die Krankenkasse. Versicherte leisten eine Zuzahlung: 10 Prozent der Kosten pro Einsatz – mindestens 5 Euro und höchstens 10 Euro.

→ **Hilfsmittel.** Die Kassen übernehmen Hilfsmittel, die nicht der Pflege, sondern dem Kranken direkt dienen, wie Rollatoren und Toilettensitzerhöhungen, wenn ein Arzt sie verordnet hat. Pro Hilfsmittel sind normalerweise zwischen 5 und 10 Euro zuzuzahlen.

zum Arzt versichert, nicht aber beim gemeinsamen Besuch eines Konzertes.

Darüber hinaus übernimmt die Versicherung unter anderem die Behandlungskosten, wenn dem Pflegenden auf direktem Weg zur oder von der Pflegetätigkeit weg etwas passiert. Gleiches trifft auch für eine Berufskrankheit zu, etwa wenn er sich bei der Pflege mit einer Infektionskrankheit ansteckt.

Pflegende bekommen außerdem einen kleinen Zuschlag zu ihrer gesetzlichen Rente. Die Rentenkasse erkennt Pflegezeiten an und schreibt ihnen Rentenpunkte gut. Dafür zahlt die gesetzliche oder private Pflegeversicherung des Pflegebedürftigen Beiträge in die gesetzliche Rente (siehe „Rente für Pflegende", S. 40).

Kurzzeitpflege

Pflegeeinrichtungen bieten Plätze für vorübergehende Pflege – zur Überbrückung von Krisenzeiten oder zur Entlastung Pflegender.

Über 60 Jahre lebten Ursel Pillat, 92, und ihr Mann Josef, 91, gemeinsam im kleinen Dorf Waschow in Mecklenburg-Vorpommern. Zusammen kümmerten sie sich um ihren 1 300 Quadratmeter großen Garten hinter ihrem Wohnhaus. Obwohl Ursel Pillat bereits seit Jahrzehnten hochgradig sehbehindert war, bewältigten sie ihre täglichen Aufgaben, machten unermüdlich weiter.

Dann stürzt Ursel Pillat und bricht sich den Oberschenkelhals. Wenig später stürzt sie wieder und bricht sich das Handgelenk. Nach dem dritten Sturz im Sommer 2016, kurz vor der diamantenen Hochzeit des Ehepaares, wird ihr klar: So kann es nicht weitergehen. Alles ist ihr jetzt zu viel, ihre Knochen schmerzen immer stärker.

Ihre vier Kinder hatten den Eltern schon seit geraumer Zeit gesagt: „Holt euch eine Pflegekraft, wenigstens Essen auf Rädern." Doch Ursel und Josef Pillat wollten keine Hilfe annehmen.

Im Krankenhaus erkennt Ursel Pillat, dass sie zu Hause nicht mehr zurechtkommt. Ihr Mann kann es nicht schaffen, sie zu pflegen. Das erste Mal denkt sie über ein Pflegeheim nach, tut sich aber schwer mit dem Gedanken an einen Umzug. Ihre Familie hat eine Idee: Sie soll sich erst einmal stabilisieren und das Leben im Pflegeheim kennenlernen. Das geht am besten in einer Kurzzeitpflege.

Für ein paar Wochen im Pflegeheim

Bei einer Kurzzeitpflege werden Pflegebedürftige für einen begrenzten Zeitraum in einem Pflegeheim untergebracht und dort vollständig versorgt. Dieses Modell ist vor allem dann geeignet, wenn die Pflege zu Hause durch Familienangehörige oder ambulante Pflegekräfte kurzfristig nicht möglich ist. Das kann der Fall sein, wenn sich der Gesundheitszustand des Pflegebedürftigen vorübergehend verschlechtert oder seine Wohnung erst noch pflegegerecht umgestaltet werden muss. Oft wird Kurzzeitpflege auch genutzt, um die Zeit des Wartens auf einen dauerhaften Heimplatz zu überbrücken.

Ab Pflegegrad 2 Geld von der Kasse

Viele Pflegeheime bieten Plätze für Kurzzeitpflege an. Dafür haben sie einen besonderen Vertrag mit den Pflegekassen. Die Kassen bewilligen Kurzzeitpflege für bis zu acht Wochen im Kalenderjahr und zahlen bis zu 1 612 Euro dazu. Voraussetzung für eine Bezuschussung ist, dass der Pflegebedürftige mindestens in Pflegegrad 2 eingestuft ist. Bezieht er ansonsten Pflegegeld, erhält er dieses während der Kurzzeitpflege zur Hälfte weiter.

Menschen mit Pflegegrad 1 bleiben außen vor. Sie können aber wie alle anderen in den Pflegegraden 2 bis 5 den Entlastungsbetrag in Höhe von 125 Euro im Monat für die Finanzierung der vorübergehenden Pflege im Heim nutzen.

Wichtig: Die Pflegekasse zahlt nur reine Pflege- und Betreuungskosten. Unterkunft, Verpflegung und Investitionskosten der Einrichtung trägt der Pflegebedürftige selbst. Kostenfrei ist der Aufenthalt also nicht, selbst wenn der Beitrag der Pflegekasse die Pflegekosten abdecken würde.

Eine Kurzzeitpflege lässt sich auch mit der sogenannten Verhinderungspflege (siehe „Verhinderungspflege“, S. 72) kombinieren, sofern die Leistungen dafür im laufenden Kalenderjahr nicht oder nicht komplett in Anspruch genommen wurden. Der Zuschuss zur Kurzzeitpflege kann sich dadurch auf bis zu 3 224 Euro für dann insgesamt acht Wochen erhöhen.

UNSER RAT

Entlastung nutzen

Entlastung. Kurzzeitpflege in einer Pflegeeinrichtung ist möglich, wenn die Pflege eines Menschen zu Hause vorübergehend nicht gewährleistet werden kann. Ab Pflegegrad 2 zahlen die Pflegekassen dafür für bis zu acht Wochen einen Zuschuss von bis zu 1 612 Euro.

Zuschuss. Der Zuschuss gilt für Pflege und Betreuung. Für Unterkunft und Verpflegung zahlen Pflegebedürftige selbst. Sie können dafür den Entlastungsbetrag von 125 Euro im Monat einsetzen. Pflegegeld wird während der Kurzzeitpflege zur Hälfte weiterbezahlt.

Antrag. Kurzzeitpflege beantragen Sie bei der Pflegekasse. Antragsformulare gibt es meist auf deren Internetseite.

Sozialdienst kümmert sich

Bei Ursel Pillat war zum Zeitpunkt ihres Krankenhausaufenthalts im Sommer 2016 noch keine Pflegestufe festgestellt worden – so hieß der Pflegegrad vor der Pflegereform Anfang 2017. In solchen Fällen beantragt meist der Sozialdienst der Klinik bei der Pflegekasse die Einstufung in einen Pflegegrad. Oft stellt er auch den Kontakt zu einer Pflegeeinrichtung her, um einen Kurzzeitpflegeplatz zu organisieren. So geschah das auch bei Ursel Pillat.

Für die Entscheidung, ob der Antragsteller einen Pflegegrad bekommt, kommt in der Regel ein Gutachter des Medizinischen Dienstes der Krankenversicherung (MDK) zu einem Begutachtungstermin nach Hause – oder manchmal ins Krankenhaus. In akuten Fällen entscheidet der MDK vorläufig nach Aktenlage. Es findet also kein Begutachtungstermin statt. Das ist der Fall, wenn medizinische Akten und Pflegeunterlagen eindeutig ergeben, dass jemand einen Pflegegrad benötigt. Wie bei Ursel Pillat: Sie bekam die Pflegestufe 1, die heute dem Pflegegrad 2 entspricht. Die AOK Nordost bezuschusste ihre Kurzzeitpflege.

Die erste Zeit im Pflegeheim

Die ehemalige Verkäuferin wurde aus dem Krankenhaus entlassen und direkt in einem Altenpflegeheim untergebracht, 33 Kilometer von ihrem Heimatort Waschow entfernt. Die ersten Tage seien schwer gewesen, berichtete die damals 92-Jährige: „Ich habe mir viele Sorgen gemacht. Sorgen, ob zu Hause auch alles gut läuft. Aber ich konnte ja nicht einfach weg."

Seit ihrem letzten Sturz saß Ursel Pillat fast nur noch im Rollstuhl, außerdem konnte sie kaum noch etwas sehen. „Einfach ausbüxen geht nicht", sagte sie. Ihre Kinder beruhigten sie, der Vater komme allein gut klar. Langsam gewöhnte sich Ursel Pillat an ihr neues Umfeld, an die anderen Bewohner, die Pflegekräfte. Es begann ihr zu gefallen. Und so entschloss sie sich ganz für das Leben im Heim.

Noch einmal zog sie um. Denn sie bekam einen dauerhaften Pflegeplatz im Caritas-Altenpflegeheim St. Hedwig in Wittenburg, wo sie bis zu ihrem Tod lebte. „Ich fühle mich wohl und bin nicht mehr so weit weg von meinem Mann", sagte sie. Der arbeitete fünf Kilometer entfernt in seinem Gewächshaus voller Tomaten.

Rente für Pflegende

Die Pflege von Angehörigen oder Freunden erhöht die Rente. So zahlt sich das Engagement später im Alter aus.

Rund 4,7 Millionen Menschen in Deutschland pflegen regelmäßig hilfsbedürftige Angehörige oder Freunde – so die Angaben des Bundesgesundheitsministeriums. Die Betreuung eines pflegebedürftigen Angehörigen fordert nicht nur einen hohen persönlichen Einsatz. Oft nehmen Pflegende zusätzlich finanzielle Einbußen in Kauf, etwa, wenn sie ihre Arbeitszeit reduzieren, um der Aufgabe gerecht zu werden.

Der Gesetzgeber hat deshalb entschieden, ehrenamtliches Engagement der Pflegenden für deren Rente wie Erwerbsarbeit zu werten. Die Pflegenden selbst müssen dafür keine Beiträge an die Rentenkasse zahlen. Das übernimmt die Pflegekasse oder die private Pflegeversicherung des Pflegebedürftigen.

Allerdings: Nicht alle, die sich um einen hilfsbedürftigen Menschen kümmern, bekommen dafür Rentenpunkte gutgeschrieben. Und selbst Pflegende, die sich der Mammutaufgabe stellen, sich rund um die Uhr um einen schwerst Pflegebedürftigen zu kümmern, kommen kaum auf die Anwartschaften eines Durchschnittsverdieners.

Bis zu 31 Euro Rente im Monat

Das Rentenplus, das sich später aus der ehrenamtlichen Pflegearbeit ergibt, liegt für ein Jahr Pflege zu Beginn des Jahres 2019 zwischen 5,57 und 30,78 Euro im Monat. Zum Vergleich: Die Rente eines Durchschnittsverdieners in Westdeutschland steigt für ein Jahr Arbeit nach derzeitigen Werten um 32,03 Euro. Um wie viel die Monatsrente bei Pflegenden zulegt, zeigt unsere Tabelle „So steigt die Rente“, S. 42.

Arbeiten Angehörige neben der Pflege, schreibt die Rentenkasse ihnen die Rentenansprüche zusätzlich zu denen aus ihrer Beschäftigung gut. Allerdings dürfen sie neben der Pflegetätigkeit nicht mehr als 30 Stunden wöchentlich erwerbstätig sein. Weitere Voraussetzungen für die Pflege-Rentenpunkte:

- Der Pflegende versorgt regelmäßig eine oder mehrere Personen mit Pflegegrad 2 bis 5 im häuslichen Umfeld,
- er wendet für die Pflege mindestens zehn Stunden pro Woche regelmäßig an mindestens zwei Tagen auf und
- er bezieht keine Vollrente wegen Alters, nachdem er die Regelaltersgrenze erreicht hat. Die Grenze für die Regelaltersrente steigt schrittweise an. Sie liegt beispielsweise für Jahrgang 1954 bei 65 Jahren und 8 Monaten, für alle ab Jahrgang 1964 bei 67 Jahren.

Tipp: Wenn Sie als Pflegender Ihre Regelaltersgrenze erreichen, beantragen Sie statt einer Vollrente eine Teilrente von 99 Prozent. Dann fällt Ihre Rente zwar 1 Prozent niedriger aus. Dafür zählt Ihre Pflegetätigkeit aber weiter wie bisher für Ihre Rente und erhöht diese regelmäßig.

UNSER RAT

Mehr Rente bekommen

Beratung. Erkundigen Sie sich, welche Auswirkungen Ihre Pflegetätigkeit auf Ihre Altersversorgung hat. Besonders, wenn Sie dafür im Beruf kürzertreten, etwa Teilzeit arbeiten oder Auszeiten nehmen. Gehen Sie bald in Altersrente, lassen Sie sich Teilrentenoptionen durchrechnen, um weiterhin Ihre Rente zu erhöhen. Die Beratung bei der gesetzlichen Rentenversicherung ist kostenlos (Tel. 0800/10004800).

Fragebogen. Rente für Ihre Pflegezeiten bekommen Sie nur, wenn Sie den „Fragebogen zur Zahlung der Beiträge zur sozialen Sicherung für nicht erwerbsmäßig tätige Pflegepersonen“ ausfüllen. Sie bekommen ihn bei der Pflegekasse oder Rentenkasse oder googeln ihn im Internet und drucken ihn aus.

Keine Rentenpunkte bei Pflegegrad 1

Wer sich um Pflegebedürftige mit Pflegegrad 1 kümmert, bekommt wegen des eher geringen Pflegeaufwands keine Rentenpunkte gutgeschrieben. Wie viel Pflege nötig ist, legt bei gesetzlich Pflegeversicherten der Medizinische Dienst der Krankenkassen fest, bei privat Pflegeversicherten die Firma Medicproof.

Um auszurechnen, wie hoch die Rentenbeiträge für einen Pflegenden sein müssen, tut die Pflegekasse des Pflegebedürftigen so, als würde der Pflegende für seine Pflegetätigkeit ein Gehalt beziehen. Auf dieses fiktive Gehalt zahlt die Kasse dann den vollen Rentenversicherungsbeitrag. Er beträgt derzeit 18,6 Prozent.

So steigt die Rente von Pflegenden

Pflegetätigkeit für ein Jahr und Einstufung in...		Rentenplus/Monat West (Euro)	Rentenplus/Monat Ost (Euro)
Pflegegrad 2	Pflegegeld	8,31	7,95
	Kombinationsleistungen	7,06	6,76
	Pflegesachleistungen	5,82	5,57
Pflegegrad 3	Pflegegeld	13,23	12,67
	Kombinationsleistungen	11,25	10,77
	Pflegesachleistungen	9,26	8,87
Pflegegrad 4	Pflegegeld	21,54	20,62
	Kombinationsleistungen	18,31	17,52
	Pflegesachleistungen	15,08	14,43
Pflegegrad 5	Pflegegeld	30,78	29,45
	Kombinationsleistungen	26,16	25,03
	Pflegesachleistungen	21,54	20,62

Quelle: DRV, Stand: Januar 2019

Beiträge auf fiktives Gehalt

Die Höhe des Gehalts, das die Pflegekasse für die Berechnung der Beiträge zugrunde legt, hängt von der sogenannten Bezugsgröße ab: einer Kennzahl in der gesetzlichen Sozialversicherung, die das Bundesarbeitsministerium jedes Jahr neu festlegt. 2019 liegt sie bei 37 380 Euro im Westen und bei 34 440 Euro im Osten. Das der Rentenberechnung zugrunde liegende fiktive Gehalt kann zwischen 18,9 und 100 Prozent der Bezugsgröße liegen, derzeit monatlich also zwischen:

- 589 Euro und 3 115 Euro (West) und
- 542 Euro und 2 870 Euro (Ost).

Welchen Prozentsatz die Pflegekasse für die Berechnung des fiktiven Gehalts ansetzt, richtet sich nach zwei Faktoren:

- dem Pflegegrad des Pflegebedürftigen

und

- dem Maß, in dem externe Pflegedienste bei der Versorgung des Pflegebedürftigen helfen – also, ob dieser Pflegegeld, Pflegesach- oder Kombinationsleistungen von der Pflegeversicherung erhält.

Weniger Hilfe, mehr Rente

Je höher der Pflegegrad und je weniger professionelle Hilfe es gibt, desto mehr Rente bekommen Pflegende für ihre Tätigkeit (siehe Tabelle „So steigt die Rente", links). Am höchsten ist das fiktive Gehalt, wenn sie Menschen mit Pflegegrad 5 versorgen, also Schwerstbeeinträchtigte mit besonderen Pflegeanforderungen. Das können Patienten mit Krebserkrankungen im Endstadium, Menschen mit schwerer Demenz oder Wachkomapatienten sein.

Beispiel I: Ein Sohn kümmert sich in Dresden um seinen an Demenz erkrankten 82-jährigen Vater mit Pflegegrad 4. Der Vater bekommt ausschließlich Pflegegeld von der Pflegekasse. Sein Sohn versorgt ihn also ohne Hilfe von ambulanten Pflegediensten. Für die Pflegetätigkeit überweist die Pflegekasse des Vaters für den Sohn 4 484 Euro im Jahr an die Rentenkasse. Die monatliche Rentenanwartschaft des Sohnes erhöht sich dadurch nach derzeitigen Werten um 20,62 Euro.

Beispiel II: Eine Mutter in Bonn kümmert sich um ihren spastisch gelähmten 12-jährigen Sohn mit Pflegegrad 3. Der Sohn ist über sie pflegeversichert. Da sie noch weitere Kinder hat, wählt sie Pflegesachleistungen, damit sie möglichst viel Unterstützung durch ambulante Pflegedienste in Anspruch nehmen kann. Ihre Pflegekasse überweist 2 093 Euro im Jahr für sie an die Rentenversicherung. Ihre monatliche Rentenanwartschaft erhöht sich dadurch um 9,26 Euro.

Teilen sich mehrere die Pflegearbeit, beispielsweise Geschwister, stellt die Pflegekasse fest, wer in welchem Umfang zur Pflege beiträgt. Die Versicherungsbeiträge der Pflegekasse teilt die Rentenversicherung dann anteilig auf.

Bevor Pflegenden die Rentenpunkte gutgeschrieben werden, müssen sie einen Fragebogen ausfüllen (siehe „Mehr Rente bekommen", S. 41). Das geht auch rückwirkend. Wichtig: Die Pflegenden müssen nachweisen können, dass sie in der Vergangenheit alle geforderten Voraussetzungen erfüllten.

Pflegekosten von der Steuer absetzen

Benötigt ein Mensch Hilfe, kostet das viel Geld. Der Staat unterstützt ihn oder die Angehörigen mit Steuerrabatt.

Ob Kurzzeitpflege, ambulante Pflege zu Hause oder Pflege im Heim: Umsonst gibt es sie nicht. Viele Kosten übernimmt die Pflegeversicherung, und wer Angehörige pflegt, hat Anspruch auf Pflegegeld. Doch auf der einen oder anderen Rechnung bleiben Gepflegte wie Pflegende sitzen.

Diese finanzielle Ausnahmesituation erkennt das Finanzamt an: Pflegekosten, die die Betroffenen selbst tragen müssen, lassen sich zumindest in der Steuererklärung als außergewöhnliche Belastung absetzen. Die Leistungen der Pflegeversicherung oder anderer Versicherungen müssen Steuerzahler abziehen. Außerdem gilt ein Eigenanteil, ehe das Finanzamt die Kosten anerkennt (siehe Tabelle „Eigenanteil", S. 44).

Kosten für die eigene Pflege

Um privat getragene Pflegekosten absetzen zu können, benötigen Steuerzahler zunächst ein Attest vom Amtsarzt oder eine Bescheinigung des Medizinischen Dienstes der Krankenkassen (MDK). Damit weisen sie nach, dass ihre Ausgaben notwendig waren und ihnen zwangsläufig entstanden sind.

Einfacher geht es, wenn die Pflegekasse einen Pflegegrad festgestellt hat. Dann begnügt sich das Finanzamt mit der Bescheinigung des Pflegegrades und Rechnungen. Eine Pflicht, Belege direkt der Steuererklärung beizulegen, besteht nicht mehr. Steuerzahler müssen die Unterlagen aber für Rückfragen des Finanzamts aufbewahren.

Den Eigenanteil ermitteln

Die zumutbare Belastung errechnet sich stufenweise und hängt vom Familienstand, den Gesamteinkünften und der Zahl der Kinder ab. Beispiel: Ein Alleinstehender mit 40 000 Euro Einkommen trägt für die ersten 15 340 Euro 5 Prozent und die nächsten 24 660 Euro (40 000–15 340 Euro) 6 Prozent selbst. Eigenanteil: 2 247 Euro.

	Prozentsatz je Anteil an den Gesamteinkünften (ohne Kapiteleinkünfte)		
Familienstand	**Anteil bis 15 340 Euro**	**15 341 bis 51 130 Euro**	**über 51 130 Euro**
Single ohne Kind	5	6	7
Paar ohne Kind	4	5	6
1 oder 2 Kinder	2	3	4
3 oder mehr Kinder	1	1	2

Heimaufenthalt spart Steuern

Ausgaben für ein Alters- oder Pflegeheim bringen Steuererleichterungen, wenn sie durch Pflegebedürftigkeit, Behinderung oder Krankheit veranlasst sind – und zwar ab dem Zeitpunkt, ab dem Steuerzahler dies nachweisen können. Kosten einer krankheitsbedingten Unterkunft im Pflegeheim zählen sogar ohne festgestellten Pflegegrad (Bundesfinanzhof, Az. VI R 38/09).

Sind Pflegebedürftigkeit, Behinderung oder Krankheit Auslöser für den Umzug ins Heim, lassen sich auch Umzugskosten als außergewöhnliche Belastung absetzen.

Kosten eines Heimaufenthalts rein aus Altersgründen fallen beim Finanzamt aber durch. Außerdem liegt keine ausschließlich krankheits- oder pflegebedingte Heimunterbringung vor, wenn ein pflegebedürftiger Mensch in ein Seniorenstift zieht, in dem ein ambulanter Pflegedienst ihn versorgt.

Finanzamt zieht Haushaltskosten ab

Wurde im Rahmen eines krankheits- oder pflegebedingten Umzugs in ein Heim der private Haushalt aufgelöst? Dann kürzt das Finanzamt die Heimkosten des Gepflegten um eine sogenannte Haushaltsersparnis – für das Jahr 2019 beträgt sie 9 168 Euro.

Der Kürzungsbetrag soll den allgemeinen Lebenshaltungskosten einer Person entsprechen, die ihr sowieso entstanden wären und somit nicht außergewöhnlich sind. Bei Ehepaaren darf das Finanzamt die Haushaltsersparnis sogar doppelt anrechnen, entschied der Bundesfinanzhof (Az. VI R 22/16).

So hoch ist der Eigenanteil

Einen gewissen Anteil an ihren außergewöhnlichen Belastungen müssen Steuerzahler selbst schultern. Das mutet das Finanzamt ihnen zu. Nur Ausgaben, die die individuelle Grenze übersteigen, wirken sich aus.

Steuerzahler ziehen von der Gesamtsumme ihrer außergewöhnlichen Belastungen alle Versicherungsleistungen ab und geben den Restbetrag in ihrer Erklärung an. Das Finanzamt ermittelt dann den Eigenanteil stufenweise anhand des Familienstandes, der Höhe der Einkünfte und der Zahl der Kinder, für die Anspruch auf Kindergeld besteht.

Wollen Steuerzahler schon vorab wissen, welche ihrer Kosten zum Tragen kommen, können sie die Tabelle „Den Eigenanteil ermitteln“ links zur Hilfe nehmen. Oder sie rechnen ihren Eigenanteil online aus auf der Seite lstn.niedersachsen.de unter „Steuer“ und „Steuerberechnung“.

Steuerrabatt für Hilfe im Haushalt

Den Teil der Kosten für die eigene Pflege oder den eigenen Heimaufenthalt, den das Finanzamt aufgrund des Eigenanteils nicht berücksichtigt, können Steuerzahler anderweitig absetzen – nämlich als sogenannte Haushaltsnahe Dienstleistung (BFH, Az. VI R 19/17). 20 Prozent davon zieht das Amt dann direkt von ihrer Steuerlast ab.

Behinderte Menschen können wählen

Menschen, die Pflege benötigen und mit einer Behinderung leben, haben die Wahl: Entweder weisen sie Heim-, Pflege- und Krankheitskosten einzeln nach. Das lohnt sich, wenn sie die zumutbare Last deutlich übersteigen. Alternativ beantragen sie den Behindertenpauschbetrag (siehe Tabelle „Die Pauschale ablesen"). Diesen erhalten Gepflegte mit Behinderung, ohne dass vorher ein Eigenanteil abgeht. Ehepaare können den Behindertenpauschbetrag jeweils zur Hälfte unter sich aufteilen, wenn sie sich einzeln zur Steuer veranlagen lassen (Bundesfinanzhof, Az. III R 2/17).

Wenn Angehörige sich kümmern

Auch Familienmitglieder können Pflege- und Heimkosten, die sie für den gepflegten Angehörigen übernommen haben, geltend machen. Manchmal bevorzugen Pflegebedürftige es, persönlich von Familienmitgliedern versorgt zu werden. Diese unterstützt das Finanzamt ebenfalls. Mit Pflegegrad geht das problemlos. Allerdings müssen sie sich eine zumutbare Belastung anrechnen lassen.

Die Pauschale ablesen

Ab einem Grad der Behinderung (GdB) von 25 gewährt das Amt einen Pauschbetrag. Wer höhere Kosten abrechnen will, muss Belege aufheben.

Grad der Behinderung	Pauschale (Euro)
25 und 30	310
35 und 40	430
45 und 50	570
55 und 60	720
65 und 70	890
75 und 80	1 060
85 und 90	1 230
95 und 100	1 420
Hilflos und blind	3 700

Der Eigenanteil entfällt, wenn Pflegende stattdessen den Pflegepauschbetrag beantragen. Dieser beträgt 924 Euro im Jahr und steht ihnen zu, wenn sie sich unentgeltlich um einen hilfsbedürftigen Angehörigen kümmern, bei dem Pflegegrad 4 oder 5 festgestellt wurde. Pflegende können den Pauschbetrag auch mehrfach erhalten, beispielsweise wenn sie beide Elternteile versorgen.

Außergewöhnliche Kosten bündeln

Ihren Eigenanteil knacken Steuerzahler leichter, wenn sie alle finanziellen Belastungen desselben Jahres zusammentragen. Als solche zählen neben Pflege- und Heimkosten nämlich auch alle sonstigen Ausgaben, die in Notsituationen entstehen, beispielsweise bei einer Krankheit oder bei Schicksalsschlägen.

Gesundheits- und Krankheitskosten akzeptiert das Finanzamt, sofern sie privat bezahlt wurden und medizinisch notwendig waren. Als Nachweis – etwa für Medikamente und für Hilfsmittel wie Hörgerät, Rollator oder Rollstuhl – genügen in der Regel einfache Belege wie ärztliche Verordnungen und Quittungen. Versicherungsleistungen mindern außergewöhnliche Belastungen.

Wenn Versicherte die Kosten nur freiwillig getragen haben, um eine Beitragrückerstattung der privaten Krankenversicherung zu erhalten, dürfen die Finanzbeamten abwinken (FG Rheinland-Pfalz, Az. 2 V 1883/11).

Elternunterhalt: Kinder haften für ihre Eltern

Wenn das Geld der Eltern für ein Heim nicht ausreicht, fordert das Sozialamt von den Kindern Unterhalt. Aber nicht immer müssen sie zahlen.

Wenn Kinder vom Sozialamt aufgefordert werden, für die eigenen Eltern im Pflegeheim Unterhalt zu zahlen, geraten viele in Panik. Sie haben Angst, künftig auf unbestimmte Zeit horrende Zahlungen ans Sozialamt leisten und starke Einbußen bei ihrer eigenen Lebensführung hinnehmen zu müssen. Diese Angst ist zunächst verständlich: Häufig haben die betroffenen Söhne und Töchter gleichzeitig ihre eigenen Kinder zu versorgen. Außerdem bemühen sie sich gerade selbst darum, Geld für die Zeit zurückzulegen, wenn sie einmal alt sein werden.

Bei nüchterner Betrachtung gibt es keinen Anlass für Angst und Panik. Zwar kann es vorkommen, dass das Sozialamt für einen stark pflegebedürftigen Heimbewohner ohne eine nennenswerte eigene Rente über 1 000 Euro (Eigenanteil des Heimbewohners und sonstige Heimkosten) monatlich zuschießen muss. Das ist aber keineswegs die Summe, die die Behörde dann direkt von den Kindern verlangen kann.

Die Unterhaltsverpflichtung eines Kindes wird vor allem von seiner Leistungsfähigkeit, also insbesondere der Höhe seines Monatseinkommens bestimmt. Die Gerichte haben die Unterhaltspflicht von Kindern in den vergangenen Jahren stark eingeschränkt. So hat der Bundesgerichtshof (BGH) in einem Grundsatzurteil bereits im Jahr 2002 festgestellt, dass Unterhaltszahlungen für die eigenen Eltern nicht zu einer nachhaltigen Verschlechterung des Lebensstandards bei den Kindern führen dürfen (Az. XII ZR 266/99; „Lebensstandardgarantie").

Derzeit (2. September 2019) plant die Regierung, die Unterhaltspflicht noch weiter einzuschränken, sodass ab 1. Januar 2020 Kinder bedürftiger Eltern im Pflegeheim nur noch zum Elternunterhalt herangezogen werden können, wenn ihr jährliches Gesamtbruttoeinkommen 100 000 Euro übersteigt. Das würde das Aus des Elternunterhalts in seiner jetzigen Form bedeuten. Bei Redaktionsschluss war das Gesetzgebungsverfahren noch nicht abgeschlossen. Sollte das neue Gesetz ab 1. Januar 2020 gelten, informieren wir Sie darüber online unter test.de/formulare-pflege. Wenn Sie dort keine Informationen zum neuen Gesetz finden, gelten die folgenden Regelungen auch 2020 weiter.

Müssen Kinder ihr Vermögen einsetzen?

Im Jahr 2006 entschieden die Richter des Bundesgerichtshofs, dass die Altersvorsorge vom Sozialamt nicht angetastet werden darf (Az. XII ZR 98/04). Als Altersvorsorge geschützt sind 5 Prozent des aktuellen Bruttolohns für alle Monate seit Berufsbeginn. Außerdem wird eine Verzinsung in Höhe von 4 Prozent unterstellt.

Beispiel: Ein 55-jähriger Angestellter, der seit dem 30. Lebensjahr arbeitet, verdient aktuell 4 000 Euro brutto im Monat. Er darf als Altersvorsorge also rund 100 000 Euro auf der hohen Kante haben, das sogenannte Schonvermögen.

Bei Selbstständigen ohne Anspruch auf eine gesetzliche Rente beträgt das geschützte Altersvorsorgevermögen 25 Prozent ihres aktuellen Durchschnittseinkommens hochgerechnet auf das bisherige Berufsleben.

Wie ein unterhaltspflichtiges Kind vorsorgt, ist seine Sache. Das Vermögen ist also vor dem Zugriff des Sozialamtes sicher, egal ob es in einem Riester-Vertrag oder in Fonds steckt. Die Summe sollte getrennt von dem Geld liegen, von dem der Unterhaltsverpflichtete und seine Familie leben.

Neben der Altersvorsorge dürfen unterhaltspflichtige Kinder einen Notgroschen für unerwartete Kosten wie eine Autoreparatur ansparen. Die Ämter akzeptieren oft mindestens 10 000 Euro.

Wohnen Kinder im Eigenheim, ist dies in der Regel ebenso geschützt. Das hat der Bundesgerichtshof 2013 (Az. XII ZB 269/12) im Fall eines 57-Jährigen entschieden. Das Sozialamt hatte von ihm Unterhalt für seine Mutter im Pflegeheim in Höhe von 17 000 Euro für 32 Monate verlangt. An das flüssige Vermögen des Mannes kam die Behörde nicht heran, weil es unterhalb des erlaubten Altersvorsorgeschonvermögens lag. Wegen seiner Eigentumswohnung, die einen Verkehrswert von 115 000 Euro besaß, sah das Sozialamt den Sohn in der Pflicht, Unterhalt für seine Mutter zu zahlen.

Doch der Bundesgerichtshof entschied zugunsten ihres Sohnes. Die Behörde kann Immobilienbesitzer auch nicht zwingen, für den Unterhalt das Haus zu belasten (Bundesverfassungsgericht, Az. 1 BvR 1508/96).

Liegt das Vermögen eines Kindes über dem Schonbetrag, kann das Sozialamt daraus zwar grundsätzlich Unterhaltszahlungen verlangen. Vorher prüft es aber, ob das Kind nicht schon aus seinen Monatseinkünften zahlen kann.

Wie viel vom Monatslohn kann das Amt verlangen?

Auch das Einkommen ist oftmals zu einem ordentlichen Teil dem Zugriff der Sozialbehörden entzogen. Tochter oder Sohn wird ein „Selbstbehalt" zugebilligt. Das ist der Teil des monatlichen Einkommens, der jedem für das eigene Leben bleiben muss. Nur den Verdienst darüber kann das Sozialamt maximal verlangen.

Der Selbstbehalt hängt vom Einkommen des Kindes ab und setzt sich aus zwei Positionen zusammen: dem Mindestselbstbehalt und einem individuellen Zuschlag.

So viel zahlen verheiratete Kinder für ihre Eltern

Wie viel ein Kind zahlen muss, hängt von seinem „bereinigten Nettoeinkommen" und dem seines Ehepartners ab. Grundlage sind die monatlichen Nettoeinkünfte, gemindert um Ausgaben wie solche für die Altersvorsorge. Einkünfte beispielsweise aus einer vermieteten Wohnung werden dazuaddiert.
Beispiel: Ein Sohn hat 2 000 Euro anrechenbares Nettoeinkommen, seine Ehefrau 1 500 Euro. Er zahlt als unterhaltspflichtiges Kind 82 Euro monatlich.

Einkommen Kind (Euro)	**Einkommen Ehepartner/Schwiegerkind** (Euro)								
	0	**500**	**1 000**	**1 500**	**2 000**	**2 500**	**3 000**	**3 500**	**4 000**
0	0	0	0	0	0	0	0	0	0
500	0	0	0	0	0	0	20	52	77
1 000	0	0	0	0	0	41	105	154	194
1 500	0	0	0	0	61	157	231	290	339
2 000	0	0	0	82	209	308	387	452	506
2 500	0	0	102	261	385	484	565	633	690
3 000	0	123	314	462	581	678	759	828	886
3 500	143	366	539	678	791	886	965	1 034	1 093
4 000	418	616	774	904	1 012	1 103	1 182	1 250	1 309

Quelle: Elternunterhaltsrechner von Jörn Hauß, Fachanwalt für Familienrecht, Duisburg.

Seit dem 1. Januar 2015 liegt der Mindestselbstbehalt bei 1 800 Euro. Der Zuschlag beträgt 50 Prozent der Differenz zwischen 1 800 Euro und dem „bereinigten" Nettoeinkommen von Tochter oder Sohn. **Beispiel:** Eine unverheiratete, kinderlose Tochter wohnt zur Miete und hat ein bereinigtes Nettoeinkommen von 2 200 Euro monatlich. Das Sozialamt trägt jeden Monat 500 Euro der Heimkosten für die Mutter. Diese Summe soll die Tochter zahlen. Der Selbstbehalt der Tochter beläuft sich auf insgesamt 2 000 Euro (1 800 Euro Mindestselbstbehalt plus 200 Euro Zuschlag).

Die Differenz zwischen dem Selbstbehalt und ihrem bereinigten Nettoeinkommen beträgt somit 200 Euro. Diesen Betrag kann das Sozialamt maximal von der Tochter bekommen.

Wie lässt sich die Unterhaltspflicht legal „kleinrechnen"?

Das bereinigte Nettoeinkommen, das die Sozialämter für die Unterhaltsberechnung zugrunde legen, ist nicht identisch mit dem Nettolohn, den sein Arbeitgeber an den Unterhaltspflichtigen auszahlt. Sein bereinigtes Nettoeinkommen wird ermittelt, indem sein Nettolohn rechnerisch um anerkannte Ausgaben gemindert wird.

Viele Abzüge bedeuten also oft auch weniger Unterhalt, der für die Eltern zu zahlen ist. Ausgaben, die den anrechenbaren Nettolohn drücken, können etwa monatliche Kreditraten, Fahrtkosten zur Arbeit oder Unterhalt für eigene Kinder sein (siehe Checkliste „Unterhalt mindern"):

Beispiel: Eine unverheiratete, kinderlose Tochter verdient monatlich 2 600 Euro netto. Hätte sie keine der genannten anerkannten Ausgaben, gäbe es auch keine Bereinigung ihres Nettoeinkommens. In diesem Fall müsste sie nach Abzug des Selbstbehalts in Höhe von 2 200 Euro (1 800 Euro plus 400 Euro Zuschlag) monatlich bis zu 400 Euro Unterhalt zahlen.

Zahlt die Tochter allerdings ein kreditfinanziertes Auto ab (Rate 200 Euro pro Monat), bedient sie außerdem eine Riester-Rentenversicherung (100 Euro pro Monat) und fährt sie darüber hinaus mit ihrem Auto täglich zur Arbeit (130 Euro pro Monat), hat sie einen bereinigten Nettolohn von 2 170 Euro. Davon bleibt ihr ein Selbstbehalt in Höhe von 1 800 Euro plus 185 Euro (50 Prozent der Differenz zwischen 1 800 Euro und dem bereinigten Nettolohn). Folge: Die Tochter zahlt 185 Euro Unterhalt, also 215 Euro weniger als ohne Bereinigung.

Wenn Kinder verheiratet sind oder Geschwister haben

Wenn das unterhaltspflichtige Kind verheiratet ist, wird die Berechnung der Unterhaltshöhe komplizierter. Denn diese wird auch vom Einkommen des Ehepartners beeinflusst (siehe Tabelle „So viel zahlen verheiratete Kinder", S. 48).

CHECKLISTE

Unterhalt mindern

Folgende Ausgaben mindern Ihr anrechenbares Einkommen und damit Ihre Unterhaltspflicht:

- **Kreditraten.** Raten für Immobilien- oder Autokredite, die Kinder aufgenommen haben, bevor die Eltern pflegebedürftig wurden, können vom Einkommen abgezogen werden. Ausgaben für Kredite, die erst nach der ersten Post vom Sozialamt („Rechtswahrungsanzeige") aufgenommen wurden, werden oft nur anerkannt, wenn ein Grund vorliegt (etwa Pkw-Neuanschaffung nach Totalschaden).
- **Altersvorsorge.** Ausgaben zur Altersvorsorge werden bis zu 5 Prozent des Bruttolohns anerkannt, bei Selbstständigen bis zu 25 Prozent des Jahresbruttos. Die Ausgaben sind auch anzuerkennen, wenn der Unterhaltspflichtige erst **nach** Bekanntwerden der Unterhaltspflicht mit dem Sparen begonnen hat.
- **Berufskosten.** Für berufsbedingte Ausgaben wie Fahrtkosten zur Arbeit erkennen die Ämter oft pauschal 5 Prozent vom Nettolohn an.
- **Heimbesuche.** Als Fahrtkosten für Besuche der Eltern im Heim werden in der Regel 30 Cent pro gefahrenem Kilometer anerkannt.

Beispiel: Eine unterhaltspflichtige Tochter hat bereinigt 1 000 Euro netto, ihr Ehegatte 2 500 Euro. Obwohl die Tochter wenig verdient, muss sie monatlich 41 Euro ans Sozialamt überweisen.

Haben die Eltern mehrere Kinder, haftet jedes Kind nach seinen Möglichkeiten. Betragen die ungedeckten Pflegeheimkosten zum Beispiel 1 000 Euro pro Monat und können Tochter Anja 100 Euro, Sohn Bruno 200 Euro und Sohn Christoph 300 Euro pro Monat zahlen, zieht die Sozialbehörde genau

UNSER RAT

Forderungen prüfen

Erste Post vom Sozialamt. Im ersten Brief („Rechtswahrungsanzeige") will das Sozialamt von Ihnen und Ihrem Ehepartner die Einkommens- und Vermögensverhältnisse wissen. Bevor Sie das Formular ausfüllen, sollten Sie sich von einem Fachanwalt für Sozialrecht oder Familienrecht beraten lassen. Er kann später auch die Unterhaltsberechnung des Amtes überprüfen. Anwälte finden Sie über anwaltauskunft.de oder über familienanwaelte-dav.de.

Rechner. Wer sich mit dem Thema Elternunterhalt schon etwas auskennt, kann ihn unter http://bit.ly/2Myl948 berechnen.

diese Summen von den Geschwistern ein. Den Restbetrag von 400 Euro trägt das Amt. Anders ist es, wenn die noch offenen Heimkosten geringer sind als das, was die Kinder zusammen leisten können. Dann zahlen die Kinder entsprechend ihrer Haftungsquote. Das ist das Verhältnis zwischen der Leistungsfähigkeit eines Kindes und der Gesamtleistungsfähigkeit aller Geschwister. **Beispiel:** Anjas Haftungsquote beträgt ein Sechstel der Gesamtleistungsfähigkeit aller unterhaltspflichtigen Kinder (100 Euro/600 Euro). Brunos Quote ist ein Drittel, und die von Christoph beläuft sich auf eine Hälfte. Sind jeden Monat 500 Euro Heimkosten offen, zahlt Anja demnach rund 83 Euro, Bruno rund 167 Euro und Christoph 250 Euro.

Was passiert, wenn es zum Familienstreit kommt?

In Familien kann es Streit geben, wenn Christoph zum Beispiel glaubt, dass seine Geschwister nicht alle Einkünfte beim Sozialamt angegeben haben, folglich eigentlich mehr Unterhalt zahlen können. Wenn er recht hat, würde dies seine eigene Unterhaltspflicht senken.

Christoph kann sich in einer solchen Situation weigern zu zahlen, bis ihm das Sozialamt schlüssig dargelegt hat, wie viel seine Geschwister verdienen. In der Praxis berufen sich die Ämter aber oft auf Datenschutz. Die Behörde müsste Christoph dann verklagen. Das machen die Sozialämter wegen der Kosten nicht gern. Deshalb ist das ein guter Zeitpunkt, um mit der Behörde zu verhandeln. Dabei können sich das Amt und Christoph etwa auf einen angemessenen Unterhaltsbetrag einigen, ohne dass um jeden Cent gestritten werden muss.

Mit einer Behörde verhandeln, geht das überhaupt?

Beim Elternunterhalt ist in der Tat sehr vieles Verhandlungssache. Nur selten landen Fälle bei Gericht. Wichtig ist es, dass die Betroffenen frühzeitig zu einem spezialisierten Anwalt gehen (siehe „Forderungen prüfen"). Viele tun das, wenn sich die Pflegebedürftigkeit der Eltern abzeichnet. Spätestens aber, wenn das Sozialamt die erste Post, die „Rechtswahrungsanzeige", schickt und Auskünfte über Einkommen und Vermögen verlangt, empfiehlt sich der Gang zum Anwalt. Denn manchmal vergessen die Kinder, Ausgaben beim Sozialamt anzugeben, die ihre Unterhaltslast senken. Manche Ämter erkennen etwa auch Kosten für eine Haftpflicht- oder Rechtsschutzversicherung an.

Eine Erstberatung beim Fachanwalt für Familien- oder Sozialrecht kann bis zu 250 Euro kosten. Entdeckt der Anwalt einen Fehler des Amtes, ist die Summe schnell wieder drin.

Hilfe vom Staat

Hilfe zur Pflege, Steuererleichterung, Schwerbehindertenausweis – staatliche Hilfe kann Entlastung bringen. Sie sollten alle Angebote nutzen.

Neben den Leistungen aus der gesetzlichen Pflegekasse bietet der Staat verschiedene finanzielle Unterstützungen für Pflegebedürftige an, zum Beispiel die Hilfe zur Pflege oder das „Persönliche Budget". Ein Schwerbehindertenausweis bietet Vorteile.

Hilfe zur Pflege

Pflegebedürftige (Pflegegrad 2 bis 5) können finanzielle Hilfe zur Pflege vom Sozialamt bekommen, wenn sie ihre Pflege trotz der Leistungen der sozialen Pflegeversicherung nicht allein bezahlen können. Anders als die Grundsicherung (siehe rechts) richtet sich diese Hilfe speziell an Pflegebedürftige. Sie greift ein, wenn sich Menschen ihre Pflege zu Hause oder im Pflegeheim nicht leisten können. Die Hilfe zur Pflege zahlt der Staat auch, wenn Menschen nicht länger als sechs Monate pflegebedürftig sind und noch keinen Anspruch auf Mittel aus der Pflegekasse haben.

Wie hoch die Hilfe ausfällt, hängt von den Einkünften und tatsächlichen Ausgaben eines Menschen ab. Außerdem kommt es darauf an, ob und wie viel Ehepartner oder Kinder beisteuern könnten.

Das Sozialamt errechnet die Hilfe in drei Bereichen: Grundbetrag, Kosten für die Unterkunft (der Wohnort spielt dabei eine Rolle) und gegebenenfalls ein Familienzuschlag für den Partner und zu versorgende weitere Familienmitglieder. Der Grundbetrag orientiert sich bei Paaren am Doppelten des sogenannten Regelbedarfs von aktuell 848 Euro.

Pendant zur Pflegeversicherung

Die Einzelleistungen funktionieren wie bei der gesetzlichen Pflegeversicherung: Wird der Pflegebedürftige zu Hause gepflegt, kann er Geld- und Sachleistungen beanspruchen. Pflegegeld gibt es, wenn Angehörige oder Nachbarn pflegen, Pflegesachleistungen gibt es, wenn ein Pflegedienst zum Einsatz kommt. Betroffene dürfen sich Hilfe von Profis nicht nur zum Waschen oder Verbandswechsel holen, sondern können auch jemanden engagieren, der ihnen im Haushalt hilft.

Häusliche Pflege hat Vorrang gegenüber der teureren Versorgung im Pflegeheim. Der Staat unterstützt Betroffene mit der Hilfe für Pflege aber auch, wenn sie ihre Wohnung verändern müssen, damit ein Pfleger sie dort versorgen kann. Ist eine Pflege zu Hause nicht möglich, gibt es die Hilfe auch dafür, dass der Pflegebedürftige stationär betreut wird.

Vermögen muss aufgebraucht sein

Um Anspruch auf Hilfe zu haben, dürfen Pflegebedürftige neben geringen Einkünften nur über ein Barvermögen von bis zu 5 000 Euro verfügen. Wer Angehörigen in den letzten Jahren Geld schenkte, muss sich die Summen gegebenenfalls zurückzahlen lassen.

Dazu zählen nach Urteil des Landessozialgerichts Baden-Württemberg auch regelmäßige Geldgeschenke wie Beiträge für Lebensversicherungen von Kindern. Eine 84-Jährige hatte Hilfe zur Pflege beantragt,

INFO

Nützlicher Ausweis – Viele Vorteile für Schwerbehinderte

Auch für Pflegebedürftige. Menschen, die länger als sechs Monate körperlich oder seelisch zu mindestens 50 Grad beeinträchtigt sind, gelten als schwerbehindert und können einen Schwerbehindertenausweis beantragen. Je nach Art und Grad ihrer Behinderung profitieren sie zum Beispiel von Steuerermäßigungen – auch bei der Kfz-Steuer –, Zugang zu Behindertenparkplätzen und barrierefreien Sanitäranlagen oder freier oder ermäßigter Nutzung des Nahverkehrs. Der Ausweis kommt auch für Pflegebedürftige infrage, zum Beispiel für Demenzerkrankte.

Antrag beim Versorgungsamt. Betroffene beantragen den Ausweis beim zuständigen Versorgungsamt (integrationsaemter.de/versorgungs aemter). Welche Erleichterungen der Ausweis im Detail bringt, hängt von der Art der Behinderung ab. „H“ steht etwa für Hilflosigkeit und muss ab Pflegegrad 4 zuerkannt werden. Hilflose Menschen dürfen den Nahverkehr kostenlos nutzen. Sie benötigen eine gültige Wertmarke vom Versorgungsamt, die für sie kostenfrei ist. Schwerbehinderte mit den Zeichen„G“ für „erheblich gehbehindert“ oder „aG“ für „außergewöhnlich gehbehindert“ fahren ermäßigt.

doch der zuständige Sozialhilfeträger rechnete ihre monatlichen Einzahlungen in die Lebensversicherungen ihrer Töchter als Vermögen an. Bevor die Frau die Hilfe bekomme, müsse sie das Geld aus den Versicherungen für ihre Pflege aufwenden (Az. L 7 SO 1320/17).

Geschützt ist dagegen ein eigenes Haus oder eine eigene Wohnung, solange der Pflegebedürftige selbst dort wohnt. Überschreiten Größe und Wert der Immobilie allerdings eine angemessene Größe, zahlt der Staat die Hilfeleistungen lediglich als Darlehen. Darlehen müssen Betroffene zurückzahlen, wenn es ihre Verhältnisse wieder zulassen. Der Staat kann nach dem Tod eines Pflegebedürftigen auf sein Erbe zugreifen.

In der Praxis gilt ein Einfamilienhaus oder eine Eigentumswohnung als angemessen, ein großes Mietshaus oder eine Villa nicht.

Grundsicherung

Die Grundsicherung ist eine generelle Hilfe für ältere Menschen, die wegen fehlender oder geringer Einkünfte ihre täglichen Kosten nicht aufbringen können. Sie wird unabhängig von einer Pflegebedürftigkeit gezahlt. Die Deutsche Rentenversicherung gibt auf ihrer Webseite den Tipp, bei monatlichen Einkünften unter 838 Euro prüfen zu lassen, ob ein Anspruch auf Grundsicherung besteht. Ein Anrecht hat aktuell, wer mindestens 65 Jahre und acht Monate alt oder voll erwerbsgemindert ist und seinen Lebensunterhalt nicht komplett aufbringen kann.

Wie viel Grundsicherung der Staat zahlt, hängt vom jeweiligen Bedarf ab. Ihre Höhe ist also individuell, denn sie richtet sich nach Einkünften, familiärer Situation und Wohnkosten des Antragstellers. Wichtiger Unterschied zur Hilfe zur Pflege: Grundsicherung wird unabhängig vom Einkommen der eigenen Kinder ausgezahlt. Nur wenn eines der Kinder ein sehr hohes Einkommen (mindestens 100 000 Euro Jahreseinkommen) hat, muss es anteilig beitragen. Der Staat überweist bedürftigen Menschen die Differenz zwischen dem, was sie benötigen, und dem, was sie aus eigener Kraft finanzieren können. Die Grundsicherung deckt den Bedarf für Lebensunterhalt, Wohnung und Heizung. Wenn nötig übernimmt der Staat auch Kranken- und Pflegeversicherungsbeiträge.

Wie bei der Hilfe zur Pflege dürfen Antragsteller maximal über ein eigenes Barvermögen von 5 000 Euro verfügen, aber auch eine eigene Immobilie besitzen, sofern sie selbst darin wohnen und sie angemessen ist. Unberücksichtigt bleiben außerdem 100 Euro pro Monat aus einer staatlich geförderten Altersvorsorge wie einer Riester- oder einer Betriebsrente sowie 30 Cent von jedem Euro darüber bis aktuell 212 Euro.

Pflegebedürftige ab Pflegegrad 2 können neben der Grundsicherung Hilfe zur Pflege beantragen, wenn Grundsicherung plus Leistungen der Pflegeversicherung nicht ausreichen, um ihre Pflege zu finanzieren.

Steuererleichterungen

Pflegekosten können als außergewöhnliche Belastung steuermindernd geltend gemacht werden (siehe „Pflegekosten von der Steuer absetzen", S. 43). Darunter fallen etwa Kosten für die Unterbringung in einem Pflegeheim oder für die ambulante Pflege zu Hause.

Wer die eigene Wohnung barrierefrei umgestaltet, kann auch diese Kosten absetzen – sofern sie nicht bereits durch die Pflege- oder die Krankenkasse bezahlt werden (siehe „Die Anpassung finanzieren", S. 58).

Persönliches Budget beantragen

Behinderte und chronisch kranke Menschen, die regelmäßig Hilfe benötigen, haben Anspruch auf ein „Persönliches Budget". Das ist ein pro Monat im Voraus ausgezahlter Geldbetrag, mit dem sie ihre Hilfe selbst organisieren können, zum Beispiel Helfer einstellen.

Der Umfang des Persönlichen Budgets orientiert sich am individuellen Bedarf eines Hilfsbedürftigen.

Das Bundesministerium für Arbeit und Soziales bietet im Internet unter bmas.de eine Broschüre zum Persönlichen Budget an (Suchwort: Budget). Hier erfahren Betroffene auch, wo sie das Geld beantragen können. Das ist je nach Fall unterschiedlich.

Pflege zu Hause organisieren

Wenn Sie sich für eine Pflege zu Hause entschieden haben, sollten Sie dafür sorgen, dass nicht nur eine einzige Person alles allein stemmen muss. Bauen Sie ein Netzwerk auf und holen Sie sich Hilfe von Profis. Engagieren Sie einen ambulanten Pflegedienst oder greifen Sie auf die Hilfe einer Betreuungskraft aus Osteuropa zurück.

Nutzen Sie die Leistungen, die die Pflegekasse bietet: So können beispielsweise Zuschüsse für die Anpassung der Wohnung, Kurse, die fit für den Pflegealltag machen, oder auch Verhinderungs- oder Tages- und Nachtpflege den Alltag deutlich erleichtern.

Die Wohnung anpassen

Stolperfallen weg, Duschhocker, Haltegriffe – schon kleine Veränderungen in der Wohnung erleichtern vieles.

Die meisten Menschen wollen so lange wie möglich in ihren eigenen vier Wänden bleiben – auch wenn sie pflegebedürftig werden. Dazu muss sich das Zuhause allerdings eignen oder zumindest entsprechend anpassen lassen. Es gibt viele Möglichkeiten, Wohnung oder Haus so zu verändern, dass ein Pflegealltag möglich ist und ein Umzug vermieden werden kann.

Freunde, Fußpflege und Friseur

Ein Umbau lohnt sich nur, wenn das Wohnumfeld stimmt. Es darf weder zu große Barrieren, wie zum Beispiel steile Zufahrtswege, noch eine zu dürftige Infrastruktur aufweisen. Eine noch so barrierefreie Wohnung nützt wenig, wenn Hausarzt, Supermarkt oder Friseur nur schwer erreichbar sind – sei es, weil die Entfernungen zu groß oder die Wege nicht stolperfrei sind. Je mehr dieser Anlaufstellen vielleicht sogar fußläufig erreichbar sind, desto besser. Sie tragen dazu bei, dass Ältere und Pflegebedürftige lange selbstständig in ihrem Haushalt leben können.

Im Idealfall gibt es weitere Angehörige in der Nähe, können Nachbarn und Freunde mal bei Bedarf aushelfen. Dann stimmen die Voraussetzungen für gute Pflege zu Hause.

Wenn es schnell gehen muss

Eine Wohnung barrierefrei beziehungsweise barrierearm zu gestalten bedeutet vor allem, sie der abnehmenden körperlichen Beweglichkeit im höheren Alter anzupassen und die Sicherheit zu verbessern, um etwa Stürze zu vermeiden.

Dazu sind nicht immer aufwendige Umbauten erforderlich. Oft machen schon kleine Veränderungen kurzfristig aus Wohnung oder Haus ein sicheres Umfeld. Manche sind für ältere Menschen generell empfehlenswert – unabhängig davon, ob sie noch selbstständig oder auf Hilfe angewiesen sind. Sinnvoll ist es zum Beispiel, typische Stolperfallen zu beseitigen – Teppiche, Kabel und Fußläufer können befestigt oder entfernt werden.

Sturzgefahr herrscht in vielen Wohnungen auch, weil sie zu üppig und unpraktisch möbliert sind. Wacklige Tische oder Kommoden sollten weichen, nur wirklich standfeste und ausreichend hohe Tische, Schränke und Kommoden bleiben. Ohne großen Aufwand lassen sich auch Haltegriffe montieren, die in der Dusche, neben der Toilette oder nah an Türen zusätzliche Stabilität bieten.

Wichtig sind gute Lichtverhältnisse. Alle Wege innerhalb von Wohnung oder Haus sollten gut beleuchtet sein, damit vor allem nachts nichts schiefgeht. Eine Möglichkeit sind beispielsweise Bewegungsmelder, über die automatisch das Licht angeht.

Tipps vom Wohnberater

Ob Bad, Küche oder Schlafzimmer – die eine Lösung für alle Räume gibt es nicht. Einen ersten Überblick darüber, worauf es ankommt, gibt unsere Checkliste „Wohnung geeignet?"rechts.

Wie Bewohner ihre eigenen vier Wände alters- und pflegegerecht anpassen, erfahren sie online, zum Beispiel auf dem Portal Nullbarriere.de. Außerdem bietet der Verein Barrierefrei Leben eine deutschlandweite Wohnberatung per Internet (Barrierefrei-leben.de)

Eine Anlaufstelle sind auch Wohnberatungsstellen in der Nähe. Über Adressen und Ansprechpartner informiert die Bundesarbeitsgemeinschaft Wohnungsanpassung (Wohnungsanpassung-bag.de). Auf Anfrage kommen speziell geschulte Berater zum Pflegebedürftigen nach Hause. Sie machen Vorschläge, wie einzelne Räume sicherer werden und welche Mängel sich beseitigen lassen. Eine Wohnberatung kann zeigen, welche Anpassungen in der Wohnung notwendig sind, um eine häusliche Pflege möglich zu machen. Eine solche Erstberatung ist in der Regel kostenfrei.

Auch bei der Planung der Maßnahmen helfen die Wohnberater. Sie informieren außerdem über Finanzierungsmöglichkeiten, kennen geeignete Handwerksbetriebe und kümmern sich um die Beschaffung von Hilfsmitteln. Fallen Beratungsgebühren an, können anerkannte Pflegebedürftige sie von ihrer Pflegekasse erstattet bekommen.

Gibt es keine Wohnberatungsstellen in der Nähe, sollten Ratsuchende bei Wohlfahrtsverbänden oder bei ambulanten Pflegediensten nachfragen. Auch manche Wohnungsunternehmen betreiben eigene Beratungsstellen.

Für Demenzkranke anpassen

Für Menschen mit Demenz sollten die eigenen vier Wände in besonderem Maße sicher und beruhigend sein. Auch dafür gibt es Maßnahmen, die Angehörige treffen können. So können bestimmte Bodenbeläge bei an Demenz Erkrankten Ängste auslösen, zum Beispiel blank geputztes Parkett. Sie könnten es für eine Wasser- oder Eisfläche halten und Angst vorm Ausrutschen bekommen.

CHECKLISTE

Wohnung geeignet?

Prüfen Sie mit unserer Checkliste, ob Ihre Wohnung pflegegerecht ausgestattet ist. Manche Maßnahmen lassen sich sofort umsetzen, für andere sind kleine oder größere handwerkliche Arbeiten nötig.

- Sind alle Teppiche rutschfest verlegt? Gibt es Stolperfallen wie frei herumliegende Kabel?
- Ist die Rutschgefahr in Dusche oder Wanne durch Aufkleber oder eine sichere Matte vermindert?
- Gibt es Haltegriffe im Bad? Falls nicht: Sind die Wände so stabil, dass sie montiert werden könnten?
- Können Sie das WC selbstständig benutzen? Hat der Toilettensitz die richtige Höhe?
- Hat das Bett die richtige Höhe, um leicht aufstehen zu können? Ist es von drei Seiten zugänglich?
- Ist die Wohnung ohne Stufen und Schwellen zu erreichen? Ist ein Aufzug vorhanden? Gibt es im Treppenhaus beiderseitig Handläufe?
- Ist der Flur breit genug für einen Rollator, mindestens 120 Zentimeter? Sind die Türen breit genug, etwa 80 oder 90 Zentimeter?
- Geht die Badezimmertür nach außen auf? Kann sie von außen entriegelt werden?
- Hat das Bad eine bodengleiche Dusche? Falls nicht: Kann diese nachgerüstet werden?
- Ist es möglich, vor dem Waschtisch zu sitzen und sich im Spiegel zu sehen? Gibt es vor WC und Waschbecken eine freie Fläche von mindestens 120 mal 120 Zentimetern?
- Kann man in der Küche sitzen? Sind die Küchengeräte und Schränke gut erreichbar?

Bunte Wände oder knallige Farben können Demenzkranke zusätzlich verunsichern.

Um ihnen die Orientierung innerhalb der Wohnung zu erleichtern, können Symbole, Beschriftungen und Pfeile an Zimmertüren und Wänden angebracht werden. Zeitliche Orientierung bieten Uhren und Kalender.

Vermieter muss zustimmen

Vor Beginn einer Baumaßnahme brauchen Mieter die Zustimmung des Vermieters. Er darf sie in der Regel nicht verweigern, wenn der Umbau für eine alters- beziehungsweise behindertengerechte Nutzung der Wohnung oder des Zugangs zu ihr erforderlich ist.

Der Vermieter kann aber den Rückbau beim Auszug verlangen und schon jetzt zusätzlich zur Mietkaution eine Sicherheitszahlung für die voraussichtlichen Kosten fordern.

Auch Inhaber von Eigentumswohnungen müssen Absprachen treffen. Für Veränderungen am Gemeinschaftseigentum kann die Zustimmung der Miteigentümer erforderlich sein. Einen barrierefreien Zugang zur Wohnung etwa durch den Einbau einer Rollstuhlrampe können die Miteigentümer aber in der Regel nicht verweigern.

Die Anpassung finanzieren

Wer möglichst barrierefrei leben möchte, muss oft viel Geld investieren. Dafür gibt es finanzielle Hilfen.

Ob kleine oder große Veränderungen in den eigenen vier Wänden – die Kosten müssen Bewohner selten allein tragen. Wer weiß, welche Finanztöpfe es gibt, kann sie auch anzapfen.

Kassen bezuschussen Hilfsmittel

Hilfsmittel erleichtern den Alltag. Dabei wird unterschieden zwischen Gegenständen, die dem Pflegebedürftigen selbst dienen. Das sind zum Beispiel Hörgeräte, Gehstöcke, Rollatoren, Rollstühle oder Toilettensitzerhöhungen. Andererseits gibt es Hilfsmittel, die die Pflege erleichtern, sogenannte Pflegehilfsmittel, wie beispielsweise Treppenlift und Pflegebett.

Hilfsmittel, die in der Regel bezuschusst werden, stehen im Hilfsmittelverzeichnis. Das können Versicherte im Internet einsehen (hilfsmittel.gkv-spitzenverband.de). Ist ein Hilfsmittel, das nicht im Verzeichnis steht, medizinisch notwendig, so übernehmen die Kassen auch in diesem Fall die Kosten.

Der Versicherte muss jedes Hilfsmittel beantragen. Das kann er auf zwei Wegen: im Rahmen der Begutachtung für einen Pflegegrad oder direkt bei der Kranken- oder Pflegekasse. Für den Antrag ist, sofern er nicht bei der Begutachtung gestellt wird, eine ärztliche Verordnung erforderlich. Sie muss innerhalb von 28 Tagen bei der Kasse eingehen, ansonsten wird sie ungültig.

Oft kann der Pflegebedürftige schwer einschätzen, ob seine Krankenkasse oder seine Pflegekasse zuständig ist. Eine mobile

Rampe zum Beispiel würde die Krankenkasse bezuschussen, den fest installierten Treppenlift die Pflegekasse. In der Praxis ist das kein Problem. Geht ein Antrag fälschlicherweise an die Krankenkasse, leitet sie ihn weiter an die Pflegekasse und umgekehrt.

Bewilligt die Krankenkasse ein Hilfsmittel, muss der Versicherte normalerweise zwischen 5 und 10 Euro zuzahlen.

Bewilligt die Pflegekasse ein Pflegehilfsmittel, muss sich der Pflegebedürftige daran mit bis zu 25 Euro beteiligen. Verleiht die Kasse das Hilfsmittel nur, wie das bei Pflegebetten häufig der Fall ist, entfällt die Zuzahlung.

UNSER RAT

Sicher zu Hause

Umbauen. In den eigenen vier Wänden sind Sicherheit und Orientierung wichtig. Schon kleine Maßnahmen helfen, damit der Pflegebedürftige dort wohnen bleiben kann.

Informieren. Möchten Sie umbauen? Informieren Sie sich, was technisch möglich und förderfähig ist und wie Sie Gelder abrufen können. Dabei helfen Wohnberatungsstellen und Pflegestützpunkte. Wo Sie sich in Ihrer Nähe beraten lassen können, erfahren Sie im Internet: Wohnungsanpassung-bag.de.

Finanzieren. Pflegebedürftige können Zuschüsse von bis zu 4000 Euro pro Umbaumaßnahme bei ihrer Pflegekasse beantragen. Günstige Kredite bietet etwa auch die KfW-Bank.

Geld für umfangreichere Maßnahmen

Manchmal ist ein größerer Umbau erforderlich – vor allem bei einer häuslichen Pflege auf Dauer. Wenn zum Beispiel Rampen oder eine bodengleiche Dusche notwendig werden, kann eine Anpassung schnell mehrere Tausend Euro kosten.

Für diese Zwecke gibt es spezielle Zuschüsse und Kredite. So beteiligt sich die Pflegeversicherung auf Antrag an baulichen Verbesserungen, etwa Verbreiterungen von Türen oder Umbauten im Bad – vorausgesetzt, die häusliche Pflege wird dadurch erleichtert und der Bewohner hat mindestens Pflegegrad 1. Dann zahlt die Pflegekasse bis zu 4000 Euro pro Maßnahme. Achtung: Die Pflegekasse leistet nicht, wenn sie den Umbau nicht vor Beginn genehmigt hat.

Leben mehrere Pflegebedürftige gemeinsam in einer Wohnung, können sie bis zu 16000 Euro für den Umbau abrufen.

Darüber hinaus werden ambulant betreute Wohngemeinschaften gefördert, die sich neu zusammenfinden. Für den Umbau einer Wohnung zu diesem Zweck gibt es zusätzlich 2500 Euro pro Person beziehungsweise maximal 10000 Euro für die Wohngemeinschaft insgesamt.

Fördermittel von der KfW

Neben den Zuschüssen der Pflegekasse gibt es weitere Investitionszuschüsse, Förderungen und günstige Kredite. Geht es um einzelne Maßnahmen, um das Wohnen barriereärmer zu gestalten, stellt die staatliche Kreditanstalt für Wiederaufbau (KfW) einen Zuschuss in Höhe von 10 Prozent der Kosten zur Verfügung. Maximal 5000 Euro sind möglich. Die KfW bezuschusst beispielsweise die Beseitigung von Türschwellen, die Vergrößerung des Badezimmers oder den Bau einer Rampe für den Rollstuhl im Hauseingangsbereich.

Wird mit den Umbaumaßnahmen der Standard „Altersgerechtes Haus"angestrebt, gewährt die KfW sogar einen Zuschuss von

12,5 Prozent der Kosten, maximal aber 6250 Euro (KfW-Programm 455-B).

Eigentümer und Mieter können im KfW-Programm 159 „Altersgerecht Umbauen" einen zinsvergünstigten Kredit in Höhe von bis zu 50000 Euro bekommen. Beantragt wird er bei Banken oder Sparkassen vor Ort, die Kreditvergabe erfolgt über die KfW.

Der Kredit kann nicht mit den Zuschüssen für altersgerechtes Umbauen kombiniert werden. Möglich sind aber zusätzlich KfW-Zuschüsse und -Kredite für andere Zwecke, etwa energetische Sanierungsmaßnahmen.

Bundesländer und Gemeinden helfen

Wer einen Umbau plant, sollte sich vorher unbedingt nach einer Förderung durch das eigene Bundesland oder die Kommune erkundigen. Welche Förderprogramme es in den einzelnen Ländern gibt und welche Voraussetzungen Antragsteller dafür erfüllen müssen, ist sehr unterschiedlich. Oft sind die Programme auch zeitlich begrenzt.

Auskünfte hierzu geben Wohnungsämter und Wohnberatungsstellen. Einen ersten Überblick können sich Interessierte in der Förderdatenbank des Bundesministeriums für Wirtschaft und Energie verschaffen (Foerderdatenbank.de).

Sozialamt hilft bei Anpassung

Ältere Menschen oder Menschen mit einer Behinderung können über die sogenannte Eingliederungshilfe finanzielle Mittel beantragen, um ihre Wohnung umzubauen. Die Förderung ist jedoch abhängig vom Einkommen und Vermögen des Antragstellers. Kostenträger ist das Sozialamt.

Ein Netzwerk für zu Hause

Angehörige müssen die häusliche Pflege nicht allein stemmen. Von der Pflegekasse gibt es Geld für diverse Hilfsdienste. Wichtig ist es, ein Netzwerk aufzubauen.

Gut drei Viertel der rund 3,4 Millionen Pflegebedürftigen in Deutschland werden zu Hause versorgt. Das hat das Statistische Bundesamt für 2017 ermittelt.

Doch wie lässt sich diese Versorgung organisieren? Wie können Angehörige mithilfe von Dienstleistern entlastet werden? Und wie lassen sich die Leistungen der Pflegekassen für die Betreuung in den eigenen vier Wänden bestmöglich kombinieren?

„Eine Patentlösung dafür haben wir leider nicht in der Schublade, jeder Fall ist anders", sagt Carola Urban. Sie arbeitet seit 15 Jahren im Seniorenbüro Dortmund Hörde. Im Stadtgebiet gibt es zwölf dieser Anlaufstellen, in denen Mitarbeiter der Stadt und von Wohlfahrtsverbänden gemeinsam tätig sind. Eine ihrer Aufgaben: Pflegebedürftige und ihre Angehörigen kostenlos und neutral beraten, zum Beispiel wenn es darum geht, ein Netzwerk aus Hilfsdiensten für zu Hause aufzubauen.

„So eine Beratung dauert meist eine oder auch anderthalb Stunden", sagt Carola Urban. Diese Zeit sollten sich die Familien nehmen, „schließlich ist es nicht leicht, den Überblick zu behalten bei all den Töpfen, aus denen Leistungen der Pflegeversicherung fließen und die sich auf verschiedene Art miteinander verknüpfen lassen".

Diese Leistungen sind möglich

Wird ein Pflegegrad festgestellt, können die Pflegebedürftigen und ihre Angehörigen mit Unterstützung der Pflegekasse verschiedene Hilfsdienste für zu Hause in Anspruch nehmen – neben dem ambulanten Pflegedienst oder „Essen auf Rädern" zum Beispiel auch weniger bekannte Angebote wie die Hilfe durch einen Pflegebegleiter oder Besuchsdienste.

Die Pflegeversicherung bezuschusst viele Dienstleistungen und zahlt zum Beispiel

- ab Pflegegrad 2 ein Pflegegeld für pflegende Angehörige oder andere Personen, die ehrenamtlich pflegen, oder
- ab Pflegegrad 2 Sachleistungen bei Einsatz eines ambulanten Pflegedienstes oder
- beides, wenn die Sachleistungen nicht für den Pflegedienst ausgeschöpft werden,
- ab Pflegegrad 1 den Entlastungsbetrag von 125 Euro, zum Beispiel einsetzbar für eine Haushaltshilfe oder einen Begleitdienst,
- einen Zuschuss für einen Hausnotruf,
- ab Pflegegrad 2 einen Zuschuss für Tages- oder Nachtpflege,
- ab Pflegegrad 2 einen Zuschuss für Kurzzeit- und Verhinderungspflege.

Eventuell werden Hilfsdienste auch von anderer Stelle gezahlt, beispielsweise von der Krankenkasse oder einer privaten Unfallversicherung.

Leistungen sinnvoll kombinieren

„Ein Ziel unserer Beratung ist es, das Netz aus Hilfsdiensten so zu knüpfen, dass die Pflegebedürftigen die ihnen zustehenden Leistungen ausschöpfen können", sagt Carola Urban. Eine der ersten Fragen, die die Besucher in der Beratung häufig stellen: Wie lässt sich eine Unterstützung im Haushalt finanzieren?

Liegt mindestens Pflegegrad 1 vor, kann dafür der Entlastungsbetrag von 125 Euro im Monat genutzt werden. Voraussetzung ist aber, dass es sich um einen zertifizierten Dienstleister handelt, den die Pflegekasse anerkennt. „Wenn die Familien dann erfahren, dass sie hier in Dortmund für eine Stunde Hausarbeit durch einen anerkannten Dienstleister häufig ab 25 Euro aufwärts zahlen müssen, sind sie oft erst einmal geschockt", sagt Urban. Auch für andere Dienste, etwa Begleitservice zum Arzt oder Besuchsdienste, können diese Sätze fällig werden.

Übernehmen Ehrenamtliche solche Unterstützungsleistungen, geht es meist deutlich kostengünstiger. Die 125 Euro Entlastungsbetrag können dafür aber nur genutzt werden, wenn der Träger, bei dem die Ehrenamtlichen sich engagieren, von der Pflegekasse anerkannt ist und die ehrenamtlichen Helfer die dafür notwendigen Schulungen besucht haben.

„Sobald der Entlastungsbetrag aufgebraucht ist, ist es ab Pflegegrad 2 möglich, einen Teil der Pflegesachleistungen, die nicht für einen ambulanten Pflegedienst verbraucht wurden, umzuwidmen", erklärt Urban. Bis zu 40 Prozent der Sachleistung können – zusätzlich zum Entlastungsbetrag – für anerkannte Angebote zur Unterstützung im Alltag genutzt werden.

Beispiel: Gerda Steiner hat bei Pflegegrad 2 Anspruch auf Sachleistungen von 689 Euro im Monat. Sie zahlt für ihren ambulanten Pflegedienst aber nur 400 Euro monatlich – sie verbraucht also 289 Euro ihrer Sachleistungen nicht. Diese Summe kann sie allerdings nicht komplett umwidmen, sondern nur 275,60 Euro im Monat (40 Prozent von 689 Euro). Davon zahlt sie zusätzliche Arbeitsstunden ihrer Putzhilfe.

Weitere Hilfen suchen

Der Entlastungsbetrag kann auch genutzt werden, wenn zum Beispiel der Mitarbeiter eines Pflegedienstes als Begleitung zum Einkaufen gebucht wird. Lassen sich Pflegebedürftige hingegen Einkäufe nach Hause liefern oder nutzen sie „Essen auf Rädern", zahlt die Pflegekasse nicht.

Wer sich für einen Menübringdienst entscheidet, sollte vorab einige Punkte klären. Wichtig ist neben dem Preis die Qualität. Schmeckt das Essen und ist das Angebot gesund und abwechslungsreich? Es empfiehlt sich, Probemenüs zu bestellen. Sinnvoll ist zudem, Antworten auf einige organisatorische Fragen einzuholen, etwa: Wie weit im Voraus muss das Essen bestellt werden, und kann eine Portion kurzfristig abbestellt werden?

Beim Thema Essen und Einkaufen gibt es eventuell Handlungsspielräume, die Carola Urban im Laufe einer Beratung anspricht: „Manch einem ist die Portion vom Essen auf Rädern zu groß", sagt sie. Könnte es dann die bessere Alternative sein, regelmäßig oder zumindest ab und zu zum Beispiel auf Tiefkühlprodukte von Lieferdiensten zurückzugreifen, die man selbst portionieren kann?

Oder: Ist es notwendig, dass Sohn oder Tochter jede Woche den Einkauf für die Mutter übernehmen? Gibt es andere Lösungen, etwa wenn ein Supermarkt in der Nähe einen Lieferservice anbietet? „Dieser Service wird dann vielleicht etwas kosten, doch es bliebe mehr Qualitätszeit, die die Kinder mit den Eltern verbringen können."

Ab und zu raus von zu Hause

Eine weitere große Entlastung kann es für Angehörige sein, wenn die Pflegebedürftigen an einzelnen Tagen in der Woche Angebote wie Tages- und Nachtpflege in Anspruch nehmen. Für solche Angebote zahlen die Pflegekassen einen Zuschuss zusätzlich zum Pflegegeld oder zu den Pflegesachleistungen. Die Höhe des Zuschusses richtet sich nach dem Pflegegrad. Liegt etwa Pflegegrad 2 vor, zahlt die Kasse dafür 689 Euro monatlich.

Ein weiterer Zuschuss ist zum Beispiel für die sogenannte Verhinderungspflege möglich – wenn die pflegenden Angehörigen etwa erkranken oder für ein paar Tage in den Urlaub fahren. Für solche Phasen – maximal sechs Wochen im Jahr – zahlt die Pflegekasse bis zu 1612 Euro jährlich.

Mehr Möglichkeiten als oft bekannt

„Vielen Pflegebedürftigen und ihren Angehörigen ist gar nicht bewusst, wie viele Unterstützungsangebote es gibt", sagt Carola Urban. Um sie bestmöglich beraten zu können, ist es ihr wichtig, die Dienstleister und Angebote vor Ort gut zu kennen. „Netzwerkarbeit ist ein entscheidender Teil unserer Tätigkeit in den Seniorenbüros", sagt sie. Sie möchte zum Beispiel die Spezialangebote der einzelnen Anbieter kennen. „Nur dann kann ich weiterhelfen, wenn etwa eine Familie einen Pflegedienst sucht, dessen Mitarbeiter türkisch oder kroatisch sprechen."

Privates Netzwerk

Der Ehepartner, die eigenen Kinder oder auch Freunde und Nachbarn: Häufig packen viele Hände aus dem nächsten Umfeld mit an, wenn es darum geht, einen Pflegebedürftigen zu unterstützen, damit er in den eigenen vier Wänden bleiben kann.
Tipp: Lassen Sie sich beraten, zum Beispiel in einem Pflegestützpunkt, von welchen Leistungen Sie als pflegender Angehöriger neben dem Pflegegeld profitieren können. So ist es unter anderem möglich, auf Kosten der Pflegekasse einen Pflegekurs zu besuchen. Klären Sie mit den Experten auch, wie sich das Pflegegeld und die Sachleistungen für einen ambulanten Pflegedienst kombinieren lassen.

Hilfe aus der Klinik

Zeichnet sich während eines Krankenhausaufenthalts eine Pflegebedürftigkeit ab? Dann ist die Klinik bei der Planung der weiteren Versorgung mit im Boot: Das Krankenhaus muss eine lückenlose Anschlussversorgung organisieren und zum Beispiel die Behandlung durch den Hausarzt regeln. Bei Bedarf stellt es Kontakt zur Pflegekasse oder zu Pflege- und Hilfsdiensten her. Je nach Klinik kümmern sich speziell geschulte Pflegekräfte oder der Sozialdienst darum.

UNSER RAT

Hilfe organisieren

Beratung. Bevor Sie Ihr Netzwerk aus Hilfsdiensten aufbauen, lassen Sie sich zum Beispiel bei einem Pflegestützpunkt eingehend beraten, welche Zuschüsse der Pflegekasse Sie für welchen Dienst nutzen können und wie sich die Leistungen sinnvoll kombinieren lassen.

Auswahl. Wenn Sie auf der Suche nach einem Dienstleister sind, vergleichen Sie Angebote und Preise. Erkundigen Sie sich zudem im Freundes- und Bekanntenkreis nach Erfahrungen. Klären Sie mit der Pflegekasse, welche Anbieter sie anerkennt.

Tipp: Klären Sie frühzeitig, wie die Klinik Sie unterstützen kann. Fühlen Sie sich schlecht informiert, scheuen Sie sich nicht, nachzufragen oder sich beim Arzt oder einem Patientenfürsprecher zu beschweren.

Gesprächspartner

Wer einen Angehörigen pflegt, muss viele neue Aufgaben übernehmen, wird Fragen haben oder eventuell auch körperlich und emotional an seine Grenzen stoßen. Um den Pflegealltag zu bewältigen, können Pflegebegleiter eine Entlastung sein. Sie üben keine pflegerischen Tätigkeiten aus, sondern unterstützen die pflegenden Angehörigen: Sie beantworten etwa Fragen rund um die Pflege, stellen wenn gewünscht Kontakte zu Ämtern und Hilfsdiensten her oder trösten.
Tipp: Viele Pflegebegleiter engagieren sich ehrenamtlich. Erkundigen Sie sich zum Beispiel vor Ort in Ihrer Stadt oder Gemeinde, ob es ein solches Angebot gibt.

INFO

Wohnen für Hilfe

Eine weitere Möglichkeit, sich den Alltag zu erleichtern: Sie lassen im Tausch gegen Unterstützung im Haushalt einen Studenten bei sich einziehen. „Wohnen für Hilfe" heißt das Projekt, das Wohnpartnerschaften zwischen Jung und Alt vermittelt. Die jungen Leute bekommen ein preisgünstiges Zimmer, die Vermieter Unterstützung beim Rasenmähen, Einkaufen oder Gardinen-Aufhängen. Behandlungspflege oder medizinische Hilfe dürfen die Studenten nicht leisten. Das ist den Pflegeprofis vorbehalten. Wenn es gut läuft und man sich gut versteht, profiteren beide Seiten. Ein schöner Nebeneffekt: Es ist Leben im Haus.

Faustregel: Pro Quadratmeter bezogenem Wohnraum leisten die Studierenden eine Stunde Hilfe pro Monat. Das macht für ein 15-Quadratmeter-Zimmer 15 Stunden Mitarbeit monatlich. Die Nebenkosten wie Strom, Wasser und Gas tragen sie selbst.

Etwa 20 Studentenwerke vermitteln in 25 Städten „Wohnen für Hilfe" und beraten dazu. Tendenz steigend. Sie finden sie, wenn Sie im Internet nach „Wohnen für Hilfe" suchen. Falls es in Ihrer Stadt kein Studentenwerk gibt, können Sie auf eigene Faust „Wohnen für Hilfe" organisieren, indem Sie über einen Anzeige Interessenten suchen.

Gut verpflegt

Wenn der Weg zum Supermarkt und das Stehen in der Küche zu anstrengend werden, kann ein Menübringdienst den Alltag deutlich erleichtern – unabhängig davon, ob ein Pflegegrad vorliegt. Das „Essen auf Rädern" wird beispielsweise von Wohlfahrtsverbänden, privaten Trägern, teils auch von Metzgereien, Gaststätten oder Senioreneinrichtungen angeboten. Meist gibt es mehrere Menüs zur Auswahl.

Im Normalfall müssen Sie selbst für Ihr Essen zahlen. Je nach Menü und Anbieter können pro Mahlzeit ab etwa 5 Euro aufwärts fällig werden. Ob Sie Unterstützung vom Sozialamt erhalten können, hängt von Ihrem Einkommen ab. Erkundigen Sie sich beim Sozialamt.

Tipp: Vergleichen Sie am besten mehrere Anbieter und bitten Sie um ein Probeessen. Fragen Sie auch aktiv nach, zum Beispiel: Gibt es kleine Portionen oder Spezialmenüs bei Unverträglichkeiten? Wann wird geliefert? Kostet es am Wochenende extra? Fordern Sie Informationsmaterial an. Bitten Sie um eine Styroporbox für zu Hause. Sonst wird das Essen schnell kalt.

Unterstützung im Haushalt

Ob putzen, bügeln oder Hecke schneiden: Manche Aufgaben im Haushalt oder Garten fallen mit den Jahren schwerer oder können nicht mehr bewältigt werden. Dann können Sie die Dienste verschiedener Unternehmen buchen. Je nach persönlicher Situation werden die Kosten eventuell erstattet.

→ **Pflegekasse.** Ab Pflegegrad 1 lässt sich für solche Unterstützungsleistungen der Entlastungsbetrag von 125 Euro im Monat nutzen. Das gilt aber nur für von der Kasse anerkannte Dienstleister. Diese können Sie bei der Pflegekasse erfragen. Werden die Pflegesachleistungen für einen ambulanten Pflegedienst nicht ausgeschöpft, lässt sich ein Teil davon umwidmen und für die Unterstützung im Haushalt nutzen.

→ **Krankenkasse.** Eventuell übernimmt auch die Krankenkasse die Kosten für eine Haushaltshilfe. Das ist zum Beispiel möglich, wenn ein gesetzlich Krankenversicherter, der keinen oder höchstens Pflegegrad 1 hat, nach einem Krankenhausaufenthalt oder einer ambulanten Operation seinen Haushalt nicht selbst führen kann und es niemanden gibt, der das für ihn übernimmt. Dann kann die Krankenkasse auf Antrag für bis zu vier Wochen eine Haushaltshilfe finanzieren.

Tipp: Werden Ihnen die Ausgaben einer Haushaltshilfe nicht erstattet, bleibt zumindest die Möglichkeit, die Ausgaben in der Steuererklärung geltend zu machen, um sich so einen Teil des Geldes zurückzuholen (siehe „Pflegekosten absetzen“, S. 43).

Kontakt nach draußen

Rein praktische Hilfe etwa beim Duschen, Anziehen oder Essen ist für viele Pflegebedürftige wichtig. Doch häufig benötigen sie mehr: den Kontakt nach draußen und soziale Aktivitäten. Diese bringen Abwechslung in den Alltag oder helfen gegen Einsamkeit.

Abhilfe kann etwa der regelmäßige Ausflug in das Seniorencafé der Kirchengemeinde schaffen oder auch die Teilnahme am Tanznachmittag im benachbarten Seniorenstift. Hilfreich ist zudem, wenn zum Beispiel jemand zum Vorlesen nach Hause kommt, den Pflegebedürftigen zum Arzt begleitet oder wenn möglich eine Runde durch den Park mit ihm dreht. Oft engagieren sich Ehrenamtliche, aber auch verschiedene Dienstleister machen Angebote.

Tipp Erkundigen Sie sich bei der Kirchengemeinde, bei den Wohlfahrtsverbänden, bei Freiwilligenagenturen oder in Pflegeberatungsstellen und Seniorenbüros nach passenden Angeboten in der näheren Umgebung. In vielen Städten gibt es auch ein Beratungstelefon für Senioren. Werden Kosten für den Einsatz eines Besuchs- oder Begleitdienstes fällig, können Sie dafür ab Pflegegrad 1 den Entlastungsbetrag von 125 Euro im Monat nutzen. Dafür muss der Anbieter allerdings von der Pflegekasse anerkannt sein. Fragen Sie dort nach, welche Anbieter das sind. Eventuell können Sie für solche Entlastungsdienste auch einen Teil der Pflegesachleistungen umwidmen.

Auszeiten von der Pflege

Soll der Pflegebedürftige jeden Tag zu Hause verbringen, oder gibt es eine Alternative? Ist zum Beispiel der Besuch einer Tagespflegeeinrichtung an einzelnen Tagen in der Woche möglich? Für die Pflegebedürftigen kann das eine willkommene Abwechslung sein, für die Angehörigen eine enorme Entlastung. Die Einrichtung bietet Pflege, Mahlzeiten, therapeutische und soziale Hilfe, oft ist auch ein Fahrdienst buchbar.

Möglich ist auch der umgekehrte Weg: Der Tag wird zu Hause verbracht, aber die Nacht in einer Pflegeeinrichtung. Eine solche Lösung ist denkbar, wenn pflegende Angehörige ansonsten keinen erholsamen Schlaf finden, zum Beispiel weil ein Demenzpatient spätabends oder in der Nacht sehr unruhig wird.

Ab Pflegegrad 2 bezuschusst die Pflegekasse den Besuch von Tages- und Nachtpflege. Diesen Zuschuss, dessen Höhe sich nach dem Pflegegrad richtet, können Sie zusätzlich zum Pflegegeld und/oder zu den Pflegesachleistungen erhalten.

Die Pflegekasse unterstützt Familien außerdem, wenn der pflegende Angehörige selbst krank wird oder für einige Stunden oder ein paar Urlaubstage eine Auszeit braucht. In diesem Fall bezuschusst die Kasse die Verhinderungspflege (siehe „Verhinderungspflege“, S. 72).

Tipp: Überlegen Sie, welches dieser Angebote für Sie infrage kommt. Nehmen Sie sich die Zeit, nach einer Einrichtung zu suchen. Oft ist ein Besuch zur Probe möglich.

Vielseitige Hilfe

Oft klappt die Versorgung zu Hause nur mit vielen Helfern: Angehörige, Pflegedienst, Reinigungskraft, dazu die Ehrenamtlichen aus der Kirchengemeinde und das Essen auf Rädern.

Tipp: Es mag bequem erscheinen, viele Leistungen aus einer Hand zu haben, also zum Beispiel einen Anbieter zu wählen, der sich um die Pflege, den Haushalt, den Begleitservice und auch noch um den Notruf kümmert. Auch wenn es etwas Mühe macht, lohnt es sich aber oft, für einzelne Leistungen nach Alternativen zu suchen, die günstiger sind oder besser zu Ihrer Situation passen. Bei den Pflegestützpunkten oder in Seniorenbüros der Kommunen können Sie sich neutral zu Angeboten beraten lassen.

Pflegezeit: Auszeit im Job für die Pflege

Braucht ein Familienmitglied plötzlich Hilfe, können Angehörige ihre Arbeitszeit reduzieren. Der Staat hilft mit Geld, um den Verdienstausfall zumindest etwas zu kompensieren.

Rund 2,08 Millionen Menschen werden zu Hause allein von Angehörigen oder zusammen mit Pflegediensten gepflegt. Arbeitnehmer und Beamte haben bis zu vier verschiedene Wege, um Pflegezeit zu nehmen und ihre Arbeitszeit im Job an die Bedürfnisse der Pflege anzupassen.

Kurzpflegezeit: Für den Notfall

Für akut auftretende Pflegesituationen können Arbeitnehmer von heute auf morgen bis zu zehn Tage freinehmen. Stürzt ein älterer Familienangehöriger ganz plötzlich schwer, können Angehörige die Kurzpflegezeit nutzen, um etwa einen Pflegedienst zu suchen.

Eine Antragsfrist gibt es nicht. Der Mitarbeiter muss dem Chef nur sofort Bescheid geben. Der kann nicht Nein sagen, aber die Vorlage eines Attests verlangen. Darin muss ein Arzt bestätigen, dass der Angehörige durch den Notfall voraussichtlich pflegebedürftig wird (mindestens Pflegegrad 1) und die Hilfe des Arbeitnehmers akut nötig ist.

Geld von der Pflegekasse

Damit die Pflegeperson in den zehn Tagen nicht ohne Geld dasteht, kann sie bei der Pflegekasse des Hilfebedürftigen Pflegeunterstützungsgeld beantragen. Sie erhält 90 Prozent des ausgefallenen Nettogehalts. Gab es in den vergangenen zwölf Monaten zusätzlich Einmalzahlungen wie Weihnachtsgeld, steigt die Unterstützung auf 100 Prozent des Lohnausfalls. Die Höchstbetrag beim Unterstützungsgeld beträgt aber immer 105,88 Euro pro Tag.

Beispiel Martina Müller ist angestellt und arbeitet Vollzeit. Als ihre 78-jährige Mutter stürzt, teilt sie ihrem Chef mit, zehn Tage Kurzzeitpflege zu nehmen. Dadurch verdient sie netto 600 Euro weniger. Bei der Pflegekasse ihrer Mutter beantragt sie Pflegeunterstützungsgeld. Die Kasse zahlt ihr pro Pflegetag 54 Euro brutto, also insgesamt 540 Euro.

Pflegegrad da: Bis zu sechs Monate frei

Ist die akute Notsituation vorbei und der Pflegegrad festgelegt, können pflegende Angehörige für eine Pflege im häuslichen Umfeld sechs Monate Pflegezeit nehmen. Einen Rechtsanspruch darauf hat aber nur, wer in einem Unternehmen mit mehr als 15 Beschäftigten arbeitet.

Anders als bei der Kurzzeitpflege muss die Pflegebedürftigkeit hier schon feststehen (mindestens Pflegegrad 1), wenn der Arbeitnehmer die Pflegezeit beantragt. Die sechsmonatige Pflegezeit ist zehn Arbeitstage vor Beginn beim Arbeitgeber schriftlich zu beantragen. Im Antrag sollte stehen, wie lange sie dauern soll. Wer seine Arbeitszeit nur reduziert (Pflegeteilzeit), muss angeben, wie er die Arbeitsstunden verteilen will. Der Chef kann diese Aufteilung nur ablehnen, wenn dringende betriebliche Belange dagegensprechen.

UNSER RAT

Das steht Ihnen zu

Arbeitnehmer. Die Möglichkeiten, um für die Pflege eines Angehörigen die Arbeitszeit im Job zu reduzieren, finden Sie in der Tabelle „Viermal Auszeit vom Job", S. 68. Wer bis zu 6 Monate Pflegezeit oder bis zu 24 Monate Familienpflegezeit nimmt, kann vom Staat ein zinsloses Darlehen erhalten, um den Lohnausfall etwas auszugleichen. Infos dazu unter bafza.de.

Beamte. Für Beamte gelten zum Teil leicht abweichende Regeln. Ein Bundesbeamter etwa erhält für akut auftretende Pflegefälle nicht zehn, sondern nur bis zu neun Tage frei. Fragen Sie Ihre Personalstelle nach den Details.

Familienpflegezeit: Bis zu zwei Jahre

Wem die sechsmonatige Pflegezeit nicht reicht, der kann im Anschluss beim Arbeitgeber Familienpflegezeit beantragen.

Bei der Familienpflegezeit kann die Arbeitszeit anders als bei der Pflegezeit nicht auf null reduziert werden. Der Mitarbeiter muss wenigstens 15 Wochenstunden arbeiten. Anspruch auf Familienpflegezeit hat, wer in einem Betrieb mit mehr als 25 Beschäftigten arbeitet.

Pflege- und Familienpflegezeit können auch kombiniert werden. Der Übergang von der einen zur anderen Form der Arbeitszeitreduzierung muss dabei nahtlos erfolgen. Die Gesamtpflegezeit darf 24 Monate nicht überschreiten. Ein Sohn könnte beispielsweise für die Pflege seiner Mutter seinen Job zunächst für 18 Monate auf 15 Arbeitsstunden pro Woche reduzieren (Familienpflegezeit) und anschließend sechs Monate ganz zu Hause bleiben (Pflegezeit).

Viermal Auszeit vom Job für die Pflege

Wollen Arbeitnehmer weniger arbeiten, um mehr Zeit für die Pflege eines Angehörigen zu haben, bieten sich bis zu vier Möglichkeiten.

Auszeit für Pflege	Kurzpflegezeit	Pflegezeit	Familienpflegezeit	Betrieblicher Sonderurlaub für die Pflege
Wie lange ist eine Freistellung möglich?	**Zehn Tage** bei akut auftretender Pflegebedürftigkeit eines nahen Angehörigen.	**Drei Monate** zur Sterbebegleitung. Wenn absehbar ist, dass die pflegebedürftige Person nicht mehr lange lebt. **Sechs Monate** für Pflege von bereits pflegebedürftigen Angehörigen in häuslicher Umgebung.	**24 Monate** für die Pflege von bereits pflegebedürftigen Angehörigen in häuslicher Umgebung.	**Tage oder Monate** je nach Tarifvertrag des Betriebes.
Gibt es finanzielle Hilfen?	Pflegekasse oder private Krankenversicherung des Pflegebedürftigen zahlt zehn Tage lang **Pflegeunterstützungsgeld**, abhängig von Lohnhöhe, maximal 105,88 Euro pro Tag.	Für die Zeit der Freistellung gewährt das Bundesamt für Familie und zivilgesellschaftliche Aufgaben (bafza.de) ein **zinsloses Darlehen**. Das Darlehen beträgt maximal 50 Prozent des durch die Arbeitszeitreduzierung weggefallenen Nettolohns und wird in Raten ausgezahlt. Innerhalb von 48 Monaten nach Beginn der Freistellung muss es zurückgezahlt werden. In Härtefällen können die Raten gestundet oder teilweise erlassen werden.		Wenige Tage bezahlten Urlaub oder mehrere Monate unbezahlten Urlaub.
Was müssen Arbeitnehmer tun?	Sie müssen die Auszeit dem Arbeitgeber **sofort mitteilen**. Auf Verlangen müssen sie ein ärztliches Attest über die voraussichtliche Pflegebedürftigkeit des Angehörigen vorlegen.	Sie müssen dem Arbeitgeber spätestens **zehn Tage** vor Beginn der Pflegezeit schriftlich den Umfang der künftigen Arbeitszeit mitteilen. Eine Vorlage der Bescheinigung über den Pflegegrad des Angehörigen ist notwendig.	Schriftliche Mitteilung an Arbeitgeber spätestens **acht Wochen** vor Beginn der Familienpflegezeit notwendig, dazu Vorlage der Bescheinigung über Pflegegrad. Mindestarbeitszeit 15 Wochenstunden. Wer direkt nach der Pflegezeit die Familienpflegezeit nehmen will, muss das spätestens **drei Monate** vor Beginn der Familienpflegezeit ankündigen.	Im Tarifvertrag oder Betriebsvereinbarung nachlesen, welche Regeln für Pflege-Sonderurlaub gelten.
Rechtsanspruch auf Freistellung?	Ja. Die Betriebsgröße spielt keine Rolle.	Ja, wenn der Betrieb mehr als 15 Mitarbeiter hat.	Ja, wenn der Betrieb mehr als 25 Mitarbeiter hat.	Hängt von Tarifvertrag/Betriebsvereinbarung ab.
Wer hat Anspruch?	Nahe Angehörige: Großeltern, Eltern, Stiefeltern, Schwiegereltern, Geschwister, Ehepartner, eingetragene Lebenspartner, Partner in einer eheähnlichen Lebensgemeinschaft, Schwägerinnen und Schwäger, eigene Kinder, Schwiegerkinder und Enkelkinder, Adoptiv- und Pflegekinder. **Pflegezeit** gibt es auch für Kinder, Adoptiv- und Pflegekinder des Gatten oder Lebenspartners.			Angestellte.

Verdienstausfall in Pflegezeit

Wer weniger arbeitet, um mehr pflegen zu können, erhält natürlich auch weniger Gehalt. Beim Bundesamt für Familie und zivilgesellschaftliche Aufgaben können Pflegende allerdings ein zinsloses Darlehen in Höhe von 50 Prozent ihres Lohnausfalls beantragen (hilfreich: der Familienpflegezeit-Rechner unter wege-zur-pflege.de). Freilich müssen sie das Darlehen später, innerhalb von 48 Monaten nach Beginn der pflegebedingten Arbeitszeitreduzierung, in Raten zurückzahlen.

Eine Alternative: Wer in der Vergangenheit zum Beispiel viele Überstunden auf einem Zeitkonto angesammelt hat, kann diese Stunden auch für eine Pflegephase nutzen, um sich bei voller Bezahlung um die Pflege kümmern zu können.

Pflegekurse: Fit für den neuen Alltag

Angehörige können den Umgang mit Pflegebedürftigen kostenlos trainieren. Es gibt auch Spezialkurse, beispielsweise zum Thema Demenz.

Fünf Frauen und ein Mann sind in den Seminarraum des Klinikums Bielefeld gekommen. Sie alle versorgen einen Angehörigen, der an Demenz erkrankt ist. Vor ihnen liegt der zweite von drei Kursabenden. Ein Thema dieses Abends: besser verstehen, was die Erkrankten antreibt. Warum verhält sich der Vater, die Mutter oder der Ehepartner in bestimmten Situationen genau so, wie er oder sie es tut, und wie können die Angehörigen in Krisensituationen auf die Erkrankten eingehen?

Um Fragen wie diese zu beantworten, haben die Kursteilnehmer beim ersten Treffen in der Vorwoche eine kleine Hausaufgabe bekommen. Sie sollten den Lebenslauf ihrer erkrankten Angehörigen skizzieren: Was hat die Person geprägt? Welche wichtigen Einschnitte gab es in ihrem Leben und welche schönen Erlebnisse? Anhand dieser Informationen wollen die Kursleiterinnen Isabella Kapinos und Manuela Hahm herausarbeiten, wie die Teilnehmer in verschiedenen Alltagssituationen besser auf die Erkrankten eingehen können.

Schon als die erste Teilnehmerin den Lebenslauf ihrer Mutter vorstellt, ergibt sich ein lebhaftes Gespräch im Seminarraum: Ihre Tischnachbarn erkennen Parallelen, bringen ihre Erfahrungen und Tipps ein, sprechen Probleme an, die sie häufig mit den an Demenz Erkrankten haben.

„Genau das ist eine Chance, die diese Kurse bieten", sagen die Kursleiterinnen. Sie sind ausgebildete Krankenschwestern, die seit mehreren Jahren neben ihrem

Dienst auf Station Pflegekurse im Bielefelder Klinikum leiten. „Neben den theoretischen und praktischen Inhalten, die wir vermitteln, haben die Teilnehmer die Möglichkeit, sich auszutauschen und von den Erfahrungen der anderen zu profitieren." Die Gruppengröße von sechs Personen eigne sich dafür sehr gut.

Rechtsanspruch auf Pflegekurs

Insgesamt zwölf Unterrichtsstunden werden die Teilnehmer nach dem dritten Kursabend hinter sich haben. Dafür müssen sie nichts zahlen, denn per Gesetz haben Angehörige einen Anspruch darauf, auf Kosten der Pflegekassen einen solchen Kurs zu besuchen. Das ist im Sozialgesetzbuch XI so geregelt.

Neben dem Spezialkurs zum Thema Demenz bietet das Klinikum einen Grundlagenkurs zur Pflege an. Dieser enthält deutlich mehr praktische Elemente, denn hier geht es beispielsweise darum, Pflegetechniken wie das richtige Heben oder Lagern eines Patienten einzuüben. Auch Pflegehilfsmittel werden in den Basiskursen vorgestellt. Zudem geht es darum, nach Lösungen für Probleme im Pflegealltag zu suchen.

So ein Kurs kann gerade für diejenigen hilfreich sein, die die Pflege eines Angehörigen beispielsweise nach einem Klinikaufenthalt neu übernehmen und sich in den geänderten Alltag noch einfinden müssen. „Zuletzt hatten wir allerdings mehrfach Anfragen, wieder einmal einen Spezialkurs zum Umgang mit Demenz anzubieten", sagt Isabella Kapinos. Wegen der hohen Nachfrage wurde der ursprüngliche Plan geändert und statt des Basiskurses der Spezialkurs angeboten.

Hilfe für alle Beteiligten

Ziel der Pflegekurse ist es, so steht es im Gesetz, die Pflege und Betreuung zu erleichtern und zu verbessern sowie pflegebedingte körperliche und seelische Belastungen zu mindern und ihrer Entstehung vorzubeugen. Das Angebot richtet sich an Angehörige und sonstige an einer ehrenamtlichen Pflegetätigkeit interessierte Personen.

Die Pflegekassen können die Kurse entweder selbst oder gemeinsam mit anderen Pflegekassen anbieten oder aber jemand anderen damit beauftragen, zum Beispiel die Krankenhäuser, aber auch Wohlfahrtsverbände und ambulante Pflegedienste. Die Kurse am Klinikum Bielefeld sind ein gemeinsames Projekt der Klinik und der AOK-Pflegekasse.

Zu Hause weiterlernen

Die Schulung der Angehörigen muss allerdings nicht mit den drei Kursabenden und insgesamt zwölf Unterrichtsstunden abgeschlossen sein. Im Gesetz heißt es, dass auf Wunsch der Pflegeperson und des Pflegebedürftigen die Schulung auch in der häuslichen Umgebung des Pflegebedürftigen stattfinden kann.

Isabella Kapinos und Manuela Hahm übernehmen solche häuslichen Pflegetrainings. „Wenn Patienten in der Klinik sind und sich ein Pflegebedarf abzeichnet, nehmen wir wenn möglich gleich Kontakt mit den Angehörigen auf", sagt Manuela Hahm. Ein erstes Training, bei dem zum Beispiel wichtige Handgriffe gezeigt werden, finde dann häufig bereits am Klinikbett statt. „Nach der Entlassung besteht für bis zu sechs Wochen die Möglichkeit, mithilfe von uns Trainerinnen die Pflege im häuslichen Umfeld zu üben." Eine Trainingseinheit dauert eigentlich etwa eine Dreiviertelstunde, „häufig aber auch länger", sagt Manuela Hahm und fügt hinzu: „Dann brechen wir nicht einfach ab."

Gerade diese Trainings zu Hause sieht Katharina Gröning, Professorin für Erziehungswissenschaften an der Universität Bielefeld, als wichtige Voraussetzung für einen gelungenen Übergang eines Patienten in die häusliche Pflege. Die Pflegetrainings sind ein wichtiger Baustein im Rahmen des „Modellprogramms Familiale Pflege". Im Rahmen dieses Programms hat die Universität Bielefeld mehr als zehn Jahre die Angebote für pflegende Angehörige von über 400 Kliniken weiterentwickelt und wissenschaftlich begleitet. „Dabei hat sich gezeigt, dass es bis zu sechs Wochen dauert, bis sich die Familien in den neuen Alltag eingefunden haben, bis der gesamte Rahmen für die Pflege zu Hause richtig steht." Wichtig sei, dass sie über diesen gesamten Zeitraum Unterstützung bekommen, um in der neuen Situation anzukommen und sich im Alltag beispielsweise mit den Hilfsmitteln vertraut zu machen.

UNSER RAT

Trainieren hilft

Angebot. Nutzen Sie die Möglichkeit, kostenlos einen Pflegekurs für Angehörige zu besuchen, wenn Sie eine solche Pflege übernehmen. So können Sie sich praxisnah auf den Pflegealltag vorbereiten. Außerdem haben Sie die Chance, sich mit Angehörigen in vergleichbarer Situation auszutauschen.

Auswahl. Überlegen Sie, welche Art von Kurs Ihnen am meisten bringt. Vielerorts gibt es unterschiedliche Angebote, neben Basiskursen zum Beispiel Angebote zu Spezialthemen, etwa zum Thema Demenz.

Pflegetraining. Versuchen Sie, es nicht nur bei einem Kurs in Schulungsräumen zu belassen. Pflegen Sie einen Angehörigen zu Hause, klären Sie, ob dort ein Pflegetraining möglich ist.

Auf sich selbst achten

Weitere wichtige Voraussetzung, dass der Alltag zu Hause funktionieren kann: Pflegende Angehörige müssen auf sich achten. Sie brauchen ihre eigenen Freiräume und Erholungsphasen. „Deshalb informieren wir die Teilnehmer an unserem dritten Kursabend zum Beispiel auch über Hilfsangebote und darüber, welche Leistungen die Pflegekasse übernimmt. Und wir geben ihnen Instrumente an die Hand, wie sie sich selbst pflegen können", sagt Isabella Kapinos.

Die sechs Teilnehmer im Pflegekurs mit Schwerpunkt Demenz sind sich einig, dass schon der Austausch mit den anderen Betroffenen eine große Hilfe ist. „Das gehört zu unseren Kursen unbedingt dazu", sagt Kapinos. „Dabei erleben wir oft, dass auch Tränen fließen. Das ist keine Schande."

Verhinderungspflege: Urlaubszeit für Pflegende

Stößt die Pflege zu Hause an ihre Grenzen, können Angehörige Auszeiten nehmen. Vertretung wird bezahlt.

Wer zu Hause pflegt oder gepflegt wird, weiß: Pflege ist anstrengend, zehrt an den Kräften. Regelmäßige kleine Auszeiten sind wichtig, um durchzuatmen und neue Energie zu sammeln. Wer dauerhaft überlastet ist und sich keine Pausen gönnt, wird selbst krank und riskiert, länger auszufallen. Um die Versorgung des Pflegebedürftigen auch gewährleisten zu können, wenn die Pflegeperson eine Auszeit nimmt, hat der Gesetzgeber einen Anspruch auf Entlastung für Pflegende geschaffen: die Verhinderungspflege.

Pflege rund um die Uhr

Wie sie funktioniert, zeigt das Beispiel von Hannelore Fuchs. Ihr Mann Joachim ist schwer an Demenz erkrankt und auf ihre Unterstützung angewiesen. Sie ist mit ihm zu Hause und betreut ihn rund um die Uhr. Beide leben in einer Mietwohnung in einem Mehrfamilienhaus in Zeuthen nahe Berlin.

Ist Joachim Fuchs allein, ist er desorientiert, läuft panisch durch die Wohnung. Ohne seine Frau ist er vollkommen hilflos. Hannelore Fuchs macht alles selbst. Die Eheleute haben weder eine Haushaltshilfe noch einen ambulanten Pflegedienst. Nur ihre Tochter wohnt in der Nähe. Sie hat jedoch selbst viel um die Ohren und kann ihre Eltern kaum unterstützen. „Normalerweise kriege ich den Alltag mit ihm auch gut hin, und es belastet mich nicht", sagt die 73-Jährige.

Ehefrau muss selbst in die Klinik

Schwierig wird es, wenn etwas außerplanmäßig läuft. So wie jetzt: Hannelore Fuchs braucht selbst medizinische Hilfe. Sie hat große Probleme beim Laufen, muss zu einer Hüftoperation ins Krankenhaus. Im Anschluss geht sie in die Reha. Fünf Wochen wird sie nicht zu Hause sein. Das bereitet ihr Sorge: „Ich kann meinen Mann nicht dort mit hinnehmen, ihn aber auch nicht alleine zu Hause lassen." Weder Familienmitglieder noch Freunde oder Nachbarn können sich in ihrer Abwesenheit um ihn kümmern.

Entlastung für pflegende Angehörige

Um einen Krankenhausaufenthalt wie den von Hannelore Fuchs zu überbrücken, kann eine Ersatzpflege in den eigenen vier Wänden organisiert werden. Gibt es niemanden, der den Pflegebedürftigen in der Zeit zu Hause versorgen kann, kommt ein Aufenthalt in einem Pflegeheim in Frage. Die Kosten für die Verhinderungspflege werden unter bestimmten Voraussetzungen und bis zu einer bestimmten Höhe von der Pflegekasse erstattet. Das gilt auch, wenn pflegende Angehörige Urlaub brauchen, mal zum Sport wollen, selbst zum Arzt müssen oder einen dringenden Behördentermin haben.

Welche Voraussetzungen erfüllt sein müssen, weiß Raquel Reng. Sie ist Pflegeexpertin bei der Unabhängigen Patientenberatung Deutschland (UPD). „Die gesetzliche Konstruktion ist kompliziert", erklärt die Juristin. „Deswegen kommen auch viele Ratsuchende mit Fragen zur Verhinderungspflege zu uns."

Damit Pflegebedürftige sie in Anspruch nehmen können, müssen folgende Bedingungen erfüllt sein:

- Der Pflegebedürftige ist mindestens in Pflegegrad 2 eingestuft.
- Er muss mindestens sechs Monate in seiner häuslichen Umgebung von einer Pflegeperson gepflegt worden sein. Dabei werden alle Pflegezeiten – auch solche ohne Pflegegrad – anerkannt.
- Die Pflegeperson darf nicht erwerbsmäßig tätig sein, wie etwa Betreuungskräfte aus Osteuropa oder Pflegeassistenten.
- Die Pflegeperson muss der Pflegekasse benannt werden. Wer erst kürzlich zu pflegen angefangen hat, sollte sich bei der Kasse umgehend als Pflegeperson registrieren lassen.
- Die Pflegeperson muss wegen Erholungsurlaubs, Krankheit oder anderen vergleichbaren Gründen an der Pflege gehindert sein.

Nahestehende werden benachteiligt

Sind die gesetzlichen Anforderungen erfüllt, zahlt die Pflegekasse auf Antrag im Jahr bis zu 1 612 Euro für die Versorgung des Pflegebedürftigen während der Verhinderung der Pflegeperson.

Beim genaueren Blick ins Gesetz zeigt sich jedoch eine Besonderheit – auch für die Berater der UPD. „Was wir den Ratsuchenden am Telefon schwer vermitteln können, ist die gesetzliche Ungleichbehandlung von Nahestehenden gegenüber anderen pflegenden Personen", so Reng. Wenn nahe Angehörige bis zum zweiten Verwandtschaftsgrad Verhinderungspflege leisten, etwa Eltern, Kinder und Schwiegerkinder, sowie Personen, die mit dem Pflegebedürftigen in häuslicher Gemeinschaft leben, ist der Betrag, der von der Pflegekasse für die Verhinderungspflege bezahlt wird, abhängig von der Höhe des Pflegegelds. „Andere Ersatzpflegepersonen, etwa direkte Nachbarn oder ein guter Freund, aber auch ein ambulanter Pflegedienst, können bis zur Maximalgrenze von 1 612 Euro abrechnen. So kann ihr Satz höher liegen als der, den nahe Angehörige bekommen", erläutert die Pflegeexpertin.

Beispiel: Ein älterer Mann mit Pflegegrad 3 wird von seiner Tochter zu Hause gepflegt und bekommt Pflegegeld in Höhe von monatlich 545 Euro. Seine Tochter möchte in den Urlaub fahren. Ihr Vater wird während dieser Zeit vom Sohn betreut. Es gilt die Regelung für nahe Verwandte. Das Verhinderungspflegegeld, das die Pflegekasse zahlt, darf den 1,5-fachen Betrag des Pflege-

UNSER RAT

Eine Auszeit beantragen

Entlastung. Wenn Sie jemanden zu Hause pflegen, brauchen Sie Auszeiten. Ab Pflegegrad 2 haben Sie Anspruch auf Ersatzpflege – pro Jahr bis zu sechs Wochen sowie stundenweise. Professionelle Pflegekräfte oder Freunde und Verwandte können einspringen.

Anspruch. Die Pflegekasse zahlt maximal 1 612 Euro für sechs Wochen. Wurde der Anspruch auf Kurzzeitpflege nicht aufgebraucht, können davon bis zu 806 Euro für die Ersatzpflege verwendet werden.

Antrag. Die Erstattung der Kosten für die Ersatzpflege beantragen Sie bei der Pflegekasse. Das geht auch rückwirkend. Antragsformulare gibt es meist auf den Internetseiten der Kassen.

geldes nicht überschreiten. Das sind 817,50 Euro im Jahr. Das Geld kann der pflegebedürftige Vater an seinen Sohn weitergeben. Er erhält nicht die volle Leistung der Verhinderungspflege. Nur wenn der Sohn zum Beispiel noch Fahrkosten oder Verdienstausfall hat und dies nachweisen kann, kann er eine Erstattung von bis zu 1 612 Euro bekommen. Lässt sich sein Vater nicht von ihm, sondern etwa von einem ambulanten Pflegedienst versorgen, kann der Maximalbetrag bewilligt werden.

Mit Kurzzeitpflege kombinieren

Darüber hinaus besteht die Möglichkeit, für die Ersatzpflege auch noch 50 Prozent der Kurzzeitpflege (siehe „Kurzzeitpflege", S. 38) anzurechnen – sofern im laufenden Kalenderjahr noch keine Leistung für Kurzzeitpflege in Anspruch genommen wurde. Werden Verhinderungs- und Kurzzeitpflege so kombiniert, erhöht sich der Betrag von 1 612 Euro auf maximal 2 418 Euro. Diese Umwidmung muss bei der Pflegekasse beantragt werden.

Übrigens: Andersherum funktioniert es genauso. Hat die Pflegeperson in einem Jahr noch keine Verhinderungspflege in Anspruch genommen, kann sie die Leistungen der Verhinderungspflege auch für die Kurzzeitpflege einsetzen. Der Zuschuss zur Kurzzeitpflege kann sich so auf bis zu 3 224 Euro erhöhen.

Bis zu sechs Wochen im Jahr

Verhinderungspflege gibt es für maximal sechs Wochen im Jahr. Das bisherige Pflegegeld wird zur Hälfte weiterbezahlt. Der Zeitraum lässt sich unterschiedlich nutzen:

- → Eine Ersatz-Pflegeperson kann den Pflegebedürftigen zu Hause pflegen.
- → Für die zu überbrückende Verhinderung der Pflegeperson kann ein ambulanter Pflegedienst engagiert werden.
- → Der Pflegebedürftige kann die Verhinderungspflege in einer anderen Wohnung, einer Tagespflegeeinrichtung oder im Pflegeheim im Rahmen einer Kurzzeitpflege erhalten.
- → Die Verhinderungspflege muss nicht am Stück genommen werden. Sie kann auf einzelne Tage und Stunden aufgeteilt werden.

Herr Fuchs geht ins Pflegeheim

Hannelore Fuchs sieht keine andere Möglichkeit, als ihren Mann im Pflegeheim versorgen zu lassen, während sie im Krankenhaus und in der Reha ist. Er hat aber noch keinen Pflegegrad. Die Zeuthnerin erzählt: „Nur weil ich weg muss und mein Mann nicht ohne Versorgung in unserer Wohnung bleiben kann, habe ich mich überhaupt erst mit der Pflegekasse auseinandergesetzt." Um die Verhinderungspflege nutzen zu können, stellt sie bei der Pflegekasse ihres Mannes einen Antrag auf Pflegeleistungen. Diese bewilligt ihm Pflegegrad 3. Sofort beantragt Hannelore Fuchs für fünf Wochen Verhinderungspflege. Auch die wird genehmigt. Sie ist beruhigt. Ihrer Operation steht nun nichts mehr im Wege. Krankenhaus, Rehaeinrichtung und Pflegeheim liegen nahe beinander. „Falls er mich doch braucht, kann ich schnell vor Ort sein."

INFO

Stationäre Vorsorgekur für pflegende Angehörige

Die Verantwortung für einen hilfebedürftigen Menschen, die Sorge, immer funktionieren zu müssen, und die körperliche Anstrengung erzeugen einen Druck, der oft zulasten der eigenen Gesundheit geht. Erschöpfung, Schlafstörungen oder auch körperliche Beschwerden wie Rückenschmerzen können die Folge sein. Pflegende Angehörige haben daher die Möglichkeit, im Rahmen einer Kur für ihre Gesundheit vorzusorgen. Sie soll die Pflegenden für den Alltag stärken und ihnen dabei helfen, langfristig gesund zu bleiben.

Dauer. Der Kuraufenthalt dauert im Regelfall drei Wochen. Der Versicherte ist für diese Zeit krankgeschrieben. Der Angehörige kann so lange etwa im Rahmen einer Kurzzeitpflege betreut werden. Nach vier Jahren ist eine erneute Kostenübernahme möglich.

Voraussetzungen. In erster Linie geht es darum, eine ernsthafte Erkrankung des Versicherten zu verhindern. Eine Kur ist also möglich, wenn der pflegende Angehörige gesundheitlich angeschlagen ist – seelisch oder körperlich. Wichtig ist, der Krankenkasse deutlich zu machen, dass es sich um Probleme handelt, die in Zusammenhang mit der Pflege stehen. Die stationäre Kur kommt nur infrage, wenn sämtliche ambulanten Behandlungen und Maßnahmen am Wohnort nicht ausreichen, um seine Gesundheit wiederherzustellen.

Kosten. Die Krankenversicherung übernimmt die Kosten für Unterbringung und Verpflegung sowie für die ärztliche Behandlung und die Kurmittel. Versicherte zahlen einen Eigenanteil von 10 Euro pro Tag.

Antrag. Antragsformulare gibt es bei der Krankenkasse. Der erste Gang führt Kurwillige allerdings zu ihrem behandelnden Arzt. Er muss die Kur aus medizinischer Sicht befürworten. Arzt und Patient stellen gemeinsam den Antrag bei der gesetzlichen Krankenkasse. Oft leitet sie die Unterlagen zur Prüfung an den Medizinischen Dienst der Krankenversicherung (MDK) weiter. Gibt der MDK grünes Licht, erteilt die Kasse die Genehmigung und schickt den Bescheid per Post nach Hause. Lehnt sie die Kur ab, können Versicherte gegen den Bescheid Widerspruch bei ihrer Kasse einlegen.

Sich stundenweise vertreten lassen

Manchmal brauchen Pflegende nur für ein paar Stunden eine Auszeit, zum Beispiel wegen eines Arzttermins. Auch das ist möglich. Die Vorteile: Das Pflegegeld wird für diese Zeit nicht um die Hälfte gekürzt, die Beschränkung auf sechs Wochen im Jahr gilt nicht.

Wenn der pflegende Angehörige diese Vorteile nutzen möchte, darf die Ersatzpflege aber pro Tag nicht mehr als acht Stunden betragen. Dabei ist nicht ausschlaggebend, wie viele Stunden etwa ein Pflegedienst da ist, sondern wie lange die sonst pflegende Person abwesend ist.

Beispiel Eine Tochter pflegt ihren Vater zu Hause. Sie geht zu einem Yoga-Workshop und ist dafür neun Stunden unterwegs. In der Zeit kommt ein Pflegedienst zwei Mal zum Vater und bleibt jeweils eine Stunde. Da die Tochter länger als acht Stunden außer Haus war, wird das Pflegegeld trotzdem gekürzt und der Tag auf die möglichen sechs Wochen im Jahr angerechnet. Keine Rolle spielt es, wie lange der Pflegedienst bei ihrem Vater war.

Helferinnen aus dem Osten

Rundum versorgt dank einer osteuropäischen Betreuungskraft zu Hause: Damit werben Vermittlungsagenturen. Wir haben die Agenturen getestet. Unser Test deckt Schwachstellen auf.

Werner Götz wurde früh aus seinem gewohnten Leben als Architekt gerissen. Mit 59 Jahren erlitt er einen Schlaganfall. Leider war er in der Nacht, als es passierte, allein. Erst am nächsten Morgen wurde er gefunden. Er überlebte, fast vollständig gelähmt. Nur das Gesicht und die rechte Hand blieben unversehrt. Und seine Geisteskraft.

Werner Götz lebt weiter zu Hause. Das geht dank Ehefrau, Pflegedienst, Therapeuten – und Dorota. Sie kommt aus Polen, wohnt im Haushalt und umsorgt den Mann: inklusive Pflegeaufgaben, Einkaufen, Kochen, Gesellschaft. Er nennt sie seine „linke Hand".

1 470 bis 3 400 Euro monatlich

Die Geschichte ist eine von unzähligen. Bis zu 300 000 Menschen aus Osteuropa, die allermeisten Frauen, üben hierzulande laut Schätzungen Jobs aus wie Dorota. Viele kommen über Vermittlungsagenturen. Die werben oft mit einer „24-Stunden-Pflege" oder „Rund-um-die-Uhr-Betreuung". 13 bundesweit tätige Agenturen haben wir 2017 geprüft. Die Kunden zahlen monatliche Betreuungskosten von 1 470 bis 3 400 Euro.

Vermitteln die Agenturen Betreuungskräfte, die zum Bedarf der Hilfesuchenden passen? Gehen sie rechtlich korrekt und sozial verantwortlich vor? Wir schickten den Firmen umfassende Fragebögen, sichteten mehr als 900 Dokumente, die sie zum Beleg einreichten, zudem Webseiten, Infomaterialien, Verträge. In den Firmen begutachteten wir jeweils drei Kundenakten.

Das Test-Ergebnis ist durchwachsen. 9 der 13 geprüften Agenturen sind hilfreich bei der Vermittlung, die anderen nur bedingt bis wenig. Keine informiert ihre Kunden gut, das gilt vor allem für rechtliche und finanzielle Aspekte. Bei allen Vermittlungsfirmen fanden wir Mängel in den Verträgen. Diese Mängel gehen vor allem zulasten der Beschäftigten aus Osteuropa. Wir fanden deutliche Hinweise, dass ihre Rechte ausgehöhlt werden, beispielsweise bei Arbeits- und Ruhezeiten. Wer eine Vermittlungsagentur nutzt, handelt nicht illegal – er sollte aber einiges beachten.

Meist sind zwei Verträge zu schließen

Viele Agenturen kooperieren mit mehreren Firmen in Ländern wie Polen, Bulgarien und Rumänien. Sie rekrutieren Betreuungskräfte vor Ort und schicken sie nach Deutschland. Kunden hierzulande schließen häufig zwei Verträge: einen Vermittlungsvertrag mit der Agentur und einen Dienstleistungsvertrag mit der ausländischen Firma.

Die Branche boomt. Die Zahl der Vermittlungsagenturen hierzulande ist seit 2009 laut unserer Recherche von etwa 60 auf 266 gestiegen. Sie liegt noch höher, zählt man die verschiedenen Standorte mancher Agenturen mit.

Das Geschäft der Agenturen gründet auf doppelter Not. Auf der einen Seite stehen die vielen Pflegebedürftigen, die zu Hause bleiben möchten, aber nicht wissen, wie. Hilfe durch deutsches Personal rund um die Uhr ist für Normalverdiener kaum finanzierbar. Der 104-jährige Alfred Quelle zum Beispiel hatte bei Kostenvoranschlägen ambulanter Pflegedienste über 10 000 bis 18 000 Euro im Monat abgewunken – und sich für eine polnische Betreuerin entschieden.

Auf der anderen Seite stehen zahlreiche Menschen aus Ländern mit niedrigen Löhnen und schlechten Jobaussichten, die berufliche Chancen ergreifen – selbst weit weg von Familie und Freunden.

Dorota etwa jobbte früher als Verkäuferin und Bürokraft, gegen kleines Gehalt. „Nach meiner Scheidung machte ich mir Sorgen, ob das Geld für mich und meine beiden Töchter reicht", erzählt sie. Eine Freundin gab ihr den Tipp, in Deutschland zu arbeiten. Während sie nun Werner Götz betreut, sorgen Dorotas Eltern für die Kinder.

UNSER RAT

Die Besten im Test

Vermittlung. Viele Agenturen waren hilfreich bei der Vermittlung von Betreuungskräften aus Osteuropa, zeigten aber Schwächen bei Information und Verträgen. Vor allem **Pflege zu Hause Küffel** überzeugte, gefolgt von **Hausengel**. Auch überzeugend waren **Brinkmann Pflegevermittlung, Die Perspektive, Linara, Pflegeherzen, Rebis Betreuungs-Agentur, Seniocare24** und **Sofiapflege.** Nur bedingt hilfreich waren **Pflegeagentur 24** und **Promedica Plus.** Die Schlusslichter in unserem Test bildeten **Diadema Pflegevermittlung** und **Second Life Care Deutschland**. Sie waren nur wenig hilfreich.

Verträge. Bei allen Anbietern fielen Mängel in den Verträgen auf, teils zuungunsten der Beschäftigten. Wer die Agenturen nutzt, handelt nicht illegal, sollte aber einiges beachten (siehe „Das sollten Sie bedenken", S. 82).

Angehörige machen sich Sorgen

„Oft kommt nicht der Bedürftige auf die Idee, sich Hilfe ins Haus zu holen, sondern seine Familie", sagt Gudrun Matusch, die viele Jahre als Expertin zum Thema für die Verbraucherzentrale Rheinland-Pfalz tätig war. „Angehörige machen sich Sorgen, weil sie nicht immer da sein können, aber denken, dass das nötig wäre."

Werner Götz wurde nach seinem Schlaganfall zunächst von einem Pflegedienst versorgt. „Das reichte nicht, mein Mann war viel zu viel allein", sagt seine Frau. Sie ist beruflich eingespannt, da sie sich um die gemeinsame Firma kümmert. Sie wandte sich an eine Vermittlungsagentur. „Wir bekamen einen Fragebogen zu unserem Bedarf geschickt. Er war ganz schön umfangreich, und man sollte ihn, denke ich, ehrlich ausfüllen, damit alles passt." Es folgte ein Beratungsgespräch am Telefon, dann kamen schriftliche Personalvorschläge samt Lebenslauf und Foto. Kurz darauf stand eine Frau aus Polen vor der Tür.

„Anfangs ist die Situation, dass jemand Fremdes bei einem einzieht und alle möglichen Aufgaben übernimmt, natürlich seltsam", sagt Werner Götz. „Man muss sich gegenseitig kennenlernen – jedes Mal aufs Neue, denn es gibt viel Fluktuation. Eine Helferin bleibt in der Regel zwei Monate, dann kommt eine andere." Die meisten waren immer mal wieder bei Werner Götz im Einsatz. „Seit etwa zwei Jahren hat sich ein fester Rhythmus eingespielt, zum Glück." Nun wechseln sich immer dieselben zwei Betreuerinnen ab: Wenn Dorota nach Hause fährt, kommt Gosia und anschließend wieder Dorota.

Stärken bei der Kundenbetreuung

Viele Agenturen gehen bei der Vermittlung ähnlich vor wie die von Familie Götz. Sie kümmern sich häufig langfristig um ihre Kunden, bieten Hilfe bei Problemen. Typischerweise läuft das so: Jemand aus der deutschen Familie ruft die Agentur an. Die kontaktiert das ausländische Partnerunternehmen. Das spricht mit der Betreuungskraft. Meist dürfen nur die ausländischen Firmen den Mitarbeitern als direkte Arbeitgeber Weisungen geben. Wenn sich Konflikte nicht lösen lassen, die Betreuerin krank wird oder kurzfristig in die Heimat muss, können Agenturen und deren Partner oft schnell Ersatz organisieren.

Zwei Agenturen lagen vorn

Am besten schnitten in unserem Test „Pflege zu Hause Küffel" und „Hausengel" bei der Vermittlung und den Leistungen drumherum ab. Viele andere Agenturen konnten uns kaum unter Beweis stellen, wie sie für eine Qualitätssicherung mit ausländischen Partnerfirmen sorgen. So bekamen wir nur wenige konkrete Vereinbarungen zu sehen, wie die Betreuungskräfte – in aller Regel Laien – von den Vermittlern und ihren Partnern auf ihre Aufgaben vorzubereiten sind.

Auch die Sprachkenntnisse sind nicht immer nachvollziehbar beschrieben. Mehrfach fanden wir in den Bedarfsfragebögen von Agenturen andere Formulierungen als in den Personalvorschlägen. Der Kunde kann zum Beispiel „sehr gut" bis „gering" ankreuzen, im Vorschlag steht dann etwa „A2", ohne dass Kunden erfahren, ob das ihrem angegebenen Wunsch entspricht.

Vor allem aber stießen wir im Test auf rechtliche Probleme. Die Dienstleistungsverträge, die deutsche Kunden mit den ausländischen Partnerfirmen der Agenturen abschließen, weisen teilweise erhebliche Mängel auf. Zum Beispiel, wenn bei Fehlern und Unfällen der Betreuungskraft keinerlei Haftung übernommen wird. Das ist unzulässig. Vor dem Unterschreiben sollten Kunden die Verträge unbedingt prüfen und über die Vermittlungsagentur nachverhandeln, wenn sie solche Mängel feststellen.

Welcher Mindestlohn gilt?

Auch wenn meist die osteuropäischen Firmen die Personalverantwortung für die Betreuungskräfte tragen, können die Vermittlungsagenturen gute Rahmenbedingungen schaffen: indem sie Vereinbarungen mit ihren Partnern treffen und diese auch kontrollieren. Das geschieht aber nicht in ausreichendem Maß. So steht in Kooperationsverträgen zwischen Agenturen und Partnerfirmen vage etwas von „Mindestlohn" – ohne Hinweis, welcher gilt. Der deutsche beträgt 9,19 Euro pro Stunde, der polnische etwa 3 Euro. Welcher Mindestlohn greift, hängt vom arbeitsrechtlichen Status ab (siehe Kasten „Typische Varianten", rechts). Den wiesen uns die Anbieter meist nicht eindeutig nach. Auch auf vielen Webseiten fehlten klare Angaben. Kunden können kaum nachvollziehen, wie viel von den monatlichen Betreuungskosten bei den Helfern ankommt.

Höchstens 48 Stunden pro Woche

„Die Frauen verdienen häufig um die 1 000 Euro im Monat, teils weniger", sagt Sylwia Timm. Die polnischstämmige Juristin arbeitet für den Deutschen Gewerkschaftsbund, Bereich „Faire Mobilität". Beim Interviewtermin in ihrem Büro klingelt alle paar Minuten das Telefon. Am anderen Ende: Haushaltshilfen in Nöten. „Es ist hier eigentlich immer wie im Callcenter", sagt die Juristin. „Es gibt in der Branche wirklich große Probleme. Die Frauen haben es schwer, bei den osteuropäischen Firmen ihre Rechte durchzusetzen, zum Beispiel bezüglich der Arbeitszeit."

Das deutsche Gesetz erlaubt höchstens eine 48-Stunden-Woche – mit mindestens elf Stunden Ruhezeit zwischen den Arbeitseinsätzen und einem komplett freien Tag pro Woche. Das kommt aber bei einem Konzept, das als „Rund-um-die Uhr-Betreuung" vermarktet wird, kaum hin. „Viele Frauen sind dauernd gefordert, auch nachts", so Sylwia Timm, „und müssen viel schwerere Arbeit leisten, als angekündigt wurde."

Eine unzumutbare Situation

Im Test fanden wir Hinweise auf solche Praktiken – wenn es in Dienstleistungsverträgen etwa heißt, die Arbeit sei bei Bedarf ausweitbar oder es gebe „eine Rufbereitschaft von 22 bis 6 Uhr". Oder wenn Frauen ohne Pflegeausbildung laut ihrem Lebenslauf bereits Arzneien für die Einnahme zusammenstellten. Solche Tätigkeiten gelten in Deutschland als Behandlungspflege – Fehler können Patienten gefährden. Nur qualifiziertes Personal sollte solche Aufgaben erledigen.

Auch bei Infektionsrisiken, hohem Pflegebedarf oder Sterbenden geht es ohne Pflegeprofis nicht. Einige Agenturen vermitteln in solchen Fällen nur Betreuungskräfte, wenn diese Versorgung sichergestellt ist. Andere überlassen die Entscheidung ihrem ausländischen Partner oder gar der Helferin selbst – eine unzumutbare Situation.

Selbst bei normalem Pflegebedarf reicht eine Betreuungskraft allein häufig nicht aus.

INFO

Typische Varianten

Vermittlungsagenturen kooperieren meist mit osteuropäischen Partnerfirmen, die Personal rekrutieren. Sie nutzen diverse Beschäftigungsformen – im Test teils nicht eindeutig zuzuordnen –, die unterschiedlich günstig für Betreuungskräfte sind. Wir stellen wichtige Varianten vor.

Angestellte. Günstig für die Betreuungskräfte ist es, wenn sie Angestellte einer Firma aus einem anderen EU-Land sind und von ihr nach Deutschland entsandt werden. Dann gelten hiesige arbeitsrechtliche Mindeststandards, sofern sie besser sind als im Entsendeland, etwa der Mindestlohn von 9,19 Euro pro Stunde. Sozialabgaben werden im Heimatland fällig.

In mehreren EU-Staaten Tätige. Das Entsenderecht gilt nicht, wenn ausländische Betreuer regelmäßig in mindestens zwei EU-Ländern arbeiten, darunter im Heimatland. Das betrifft auch „Mitarbeiter im Auftragsverhältnis". Der deutsche Mindestlohn gilt nicht. Sozialabgaben fallen im Heimatland an.

Selbstständige. Haben Betreuungskräfte ein Gewerbe im Heimatland angemeldet, müssen sie sich selbst versichern. Sie verhandeln ihr Honorar frei. Im Test kam das heikle Modell nicht vor: Wird eine Betreuerin bei einer Kontrolle als „scheinselbstständig" eingestuft, drohen deutschen Kunden hohe Bußgelder und Nachzahlungen.

Niedergelassene. Auch selbstständige Betreuer mit in Deutschland angemeldetem Gewerbe verhandeln ihr Honorar direkt mit Kunden. Sie müssen sich selbst um ihre Versicherungen kümmern. Im Test nutzte „Hausengel" diesen Weg.

Tipp: Fragen Sie die Agentur nach der Beschäftigungsform. Lassen Sie sich von jeder Betreuerin, außer bei Niedergelassenen, die A1-Bescheinigung zeigen, die belegt, dass sie sozialversichert ist.

Die Vermittlungsagentur sollte schon bei der Bedarfsanalyse fragen, welche Hilfen bereits in Anspruch genommen werden oder sie, wenn notwendig, empfehlen. Darauf achten nicht alle Agenturen. Das wäre aber auch für die ausländische Betreuerin wichtig. Sie kann Pause machen, wenn der Hilfebedürftige in die Tagespflege geht oder sich ein Besuchsdienst um ihn kümmert. Die Pflegekasse finanziert solche Entlastungen großteils bis komplett.

Die A1-Bescheinigung ist wichtig

Auf den Webseiten und im Informationsmaterial der Agenturen fanden wir kaum Angaben zu den ausländischen Partnerfirmen, mit denen deutsche Kunden letztendlich Dienstleistungsverträge abschließen. Auch der Beschäftigungs- sowie der Versicherungsstatus des vermittelten Personals bleibt meist im Dunkeln. „Wichtig ist, eine neue Betreuungskraft nach ihrer A1-Bescheinigung zu fragen", sagt die Juristin Gudrun Matusch. Das mehrseitige Dokument stellen Behörden im Heimatland auf Antrag aus. Es belegt, dass die Sozialversicherungsbeiträge dort fällig werden.

Das nützt auch der deutschen Familie, wenn der Zoll vor der Tür steht und eine Kontrolle macht. Ganz schlecht sieht es aus, wenn jemand seine Hilfe nicht über eine Agentur oder einen anderen offiziellen Weg besorgt hat und schwarz beschäftigt. „Das kann richtig teuer werden", sagt Gudrun Matusch.

„Wertschätzung und Pausenzeit"

Ansonsten habe jeder die Arbeitsbedingungen seiner Betreuungskraft „selber mit in der Hand". „Es läuft in vielen Familien gut", bestätigt Sylwia Timm. „Mir fällt immer wieder auf, dass sich die Frauen vor allem zwei Dinge wünschen: Wertschätzung für ihre Arbeit und ausreichend Pausenzeit."

Dorota, die Werner Götz betreut, sagt: „Ich mag meinen Job. Ich könnte sonst wechseln." Götz' Ehefrau ist meist abends und am Wochenende da. Zudem kommen professionelle Pfleger und Therapeuten zu ihm. Dann erledigt Dorota Hausarbeit oder hat Zeit für sich. Das gilt auch, wenn Werner Götz am Rechner sitzt. Mit der rechten Hand an der Maus zeichnet der Architekt weiter Baupläne. Und mit Grafikprogrammen erschafft er Gemälde in leuchtenden Farben. Neulich war die erste Vernissage, Dorota war zu der Zeit in Polen. Sie wollte Götz' großen Tag miterleben. Sie kam dafür angereist.

Selbst Betreuungskräfte aus Osteuropa anstellen

Manche Familien suchen ihre osteuropäische Betreuungskraft nicht über eine Agentur, sondern stellen sie selbst an. Das ist nicht ganz einfach, aber eine saubere Lösung.

Die Geschichte von Ursula Bleischwitz ist typisch und auch wieder nicht. Die 92-Jährige möchte so gern weiter in ihrem Haus bleiben, das sie seit mehr als 60 Jahren bewohnt, kommt aber nicht mehr so gut allein zurecht. Also lebt jetzt Barbara bei ihr, eine zierliche, zurückhaltende Polin. Sie ist bei Frau Bleischwitz angestellt, die nun Chefin ist – mit allen Rechten und Pflichten.

Das ist ungewöhnlich. Betreuungskräfte, die offiziell in Deutschland arbeiten, kommen zumeist über Vermittlungsagenturen. Dann tragen überwiegend osteuropäische Firmen die Personalverantwortung – und wie beschrieben, lässt sich schwer herausfinden, wie gut sie ihre Mitarbeiter bezahlen.

Im Fall von Frau Bleischwitz steht alles schwarz auf weiß in Gehaltsabrechnungen. Sie zahlt etwas mehr als den Mindestlohn. Das macht mit Nebenkosten im Monat etwa 2 000 Euro brutto für Frau Bleischwitz und 1 000 Euro netto für Barbara.

Der Rest fließt nicht irgendwohin, sondern ins deutsche Sozialsystem. Die Betreuungskraft Barbara ist steuerpflichtig, kranken-, pflege-, renten-, arbeitslosen- und unfallversichert, also jedem deutschen Arbeitnehmer gleichgestellt.

Mehr zu regeln als mit einer Agentur

Der Weg mag ethisch und rechtlich der beste sein, doch er geht sich nicht leicht. „Als Privatperson Arbeitgeber zu werden ist ein Brocken – all die Abrechnungen und Formalitäten", so Claudia Menebröcker. Sie arbeitet für ein Caritas-Projekt, das Familien in einzelnen Regionen dabei unterstützt. „Uns fiel auf, dass viele osteuropäische Haushaltshilfen am Rand der Legalität oder unter schlechten Bedingungen arbeiten. Das wollten wir verbessern."

Für Frau Bleischwitz kümmern sich Mitarbeiter der Caritas Bielefeld um die Vermittlung, erledigen auf Wunsch für sie die Lohnabrechnungen, schauen regelmäßig vorbei und organisieren zusätzliche Hilfen. **Wichtig:** die Einsatzpläne. Sie zeigen, wann die Helferin Pausen, freie Nachmittage und Tage hat. „Dann schlucken manche Familien schon, wie viel Zeit doch allein zu gestalten oder zu überbrücken ist", sagt Claudia Menebröcker.

Sechs Wochen Urlaub

Die Betreuerin hat sechs Wochen Urlaub im Jahr und mindestens einen Monat Kündigungsschutz. Für sie rechnet sich die Variante vor allem, wenn sie lange ins deutsche Sozialsystem einzahlt. Das steigert ihre Rente, die sie später aus Deutschland erhält. **Tipp:** Mehr zum Caritas-Projekt finden Sie auf der Internetseite carifair.de. Die Diakonie bietet in manchen Regionen Ähnliches auf der Seite vij-faircare.de. Mit weniger persönlicher Beratung, aber bundesweit, vermittelt die Arbeitsagentur Betreuungskräfte unter arbeitsagentur.de, Stichwort: „Haushaltshilfe". Holen Sie für solche Fälle auch den Rat eines Steuerberaters ein.

Das sollten Sie bedenken

Eine osteuropäische Betreuungskraft nach Hause zu holen ist eine bedeutsame Entscheidung, nicht nur finanziell.

→ **Erwartungen abstecken**
Eine osteuropäische Betreuungskraft kann im Alltag eine große Hilfe sein – in vertraulicher Atmosphäre. Sie wohnt im Haushalt. Teils wechseln Helferinnen häufig. Können Sie sich das vorstellen?

→ **Wohnsituation prüfen**
Können Sie der Betreuungskraft ein eigenes möbliertes Zimmer zur Verfügung stellen, am besten mit Bad? Können Sie ihr Zugang zu Telefon und Internet geben, damit sie Kontakt nach Hause halten und Heimatmedien nutzen kann?

→ **Finanzierung klären**
Laut unserem Test müssen Sie mit Kosten von etwa 1 500 bis 3 400 Euro im Monat rechnen. Hinzu kommen Ausgaben fürs Essen, da die Hilfe immer voll im Haushalt verpflegt wird. Auch An- und Abreisen können gesondert zu Buche schlagen. Ein Teil der Kosten ist steuerlich absetzbar, bis zu 4 000 Euro im Jahr. Bei anerkannter Pflegebedürftigkeit lässt sich zudem das Pflegegeld für die Betreuungskraft nutzen. Es beträgt monatlich 316 bis 901 Euro. Beispielrechnung: Wenn jemand mit Pflegegrad 3 monatlich 545 Euro Pflegegeld erhält und seine Betreuungskraft 2 000 Euro pro Monat kostet, muss er einen Eigenanteil von 1 455 Euro im Monat leisten. Das Pflegegeld kann anteilig sinken bis ganz entfallen, wenn professionelle Hilfen hinzukommen.

→ **Richtig suchen**
Sie können selbst Arbeitgeber werden. Doch weit mehr Suchende nutzen Vermittlungsagenturen. Die nehmen Kunden viele organisatorische Dinge ab. Bei dieser Variante wechseln sich in der Regel verschiedene Betreuungskräfte alle paar Wochen ab. Inoffizielle Wege sollten Sie nicht wählen. Wer eine Hilfe schwarz beschäftigt, riskiert unter anderem hohe Bußgelder und Nachzahlungen von Steuern und Sozialabgaben.

→ **Bedarf gut darlegen**
Vermittlungsagenturen ergründen die Ausgangssituation meist mit Fragebögen, Telefonaten oder Vor-Ort-Besuchen. Es spricht für eine Agentur, wenn sie die Lage detailliert erhebt und daraus zwei bis drei Personalvorschläge ableitet. Kunden können auch Wünsche äußern. Ebenfalls wichtig: Sprachkenntnisse. Kann die Helferin flüssig Deutsch sprechen und verstehen, sind die monatlichen Betreuungskosten mitunter höher.

→ **Aufs Auto achten**
Manche Betreuungskräfte fahren bei ihrer Arbeit das Auto des Pflegebededürftigen, etwa um ihn zu Terminen zu bringen oder Einkäufe zu erledigen. Dann sollte seine Haftpflichtversicherung die Nutzung des Wagens durch Dritte, konkret die Betreuungskraft, abdecken. Achten Sie zudem darauf, dass das ausländische Unternehmen laut Vertrag bei grober Fahrlässigkeit der Betreuerin haftet.

→ **Verträge sorgfältig prüfen**
Lesen Sie die Verträge vor dem Unterzeichnen gut durch. Die ausländische Firma sollte im Dienstleistungsvertrag unbedingt zusichern, dass alle geltenden rechtlichen Grundlagen eingehalten werden. Von Vorteil ist eine Vereinbarung, wonach der Vertrag kostenfrei ruht in Zeiten, in denen die betreute Person zum Beispiel ins Krankenhaus muss.

→ **Versicherungsnachweis fordern**
Lassen Sie sich von Betreuungskräften gleich zu Anfang ihre A1-Bescheinigung zeigen. Liegt sie noch nicht vor, was oft passiert, sollten Sie zumindest den Nachweis sehen, dass sie beantragt ist. Kopieren Sie die Dokumente am besten. Sie belegen, dass die Sozialversicherungsbeiträge im Heimatland fällig werden. Damit sind Sie im – unwahrscheinlichen, aber nicht aus-

geschlossenen – Fall, dass der deutsche Zoll eine Kontrolle macht, auf der sicheren Seite. Sie zeigen damit, dass Sie auf eine reguläre Beschäftigung der Betreuungskraft achten.

→ Hilfen dazuholen

Um die Betreuungskraft zu entlasten, ihr etwa den freien Tag pro Woche zu ermöglichen, können Angehörige einspringen; auch Angebote wie soziale Dienste oder Tagespflege lassen sich nutzen. Die Pflegekasse finanziert viele Dienste.

Tipp: Wer solche Bausteine geschickt kombiniert, kann oft eine Alternative zur Betreuungskraft zu Hause schaffen.

→ Aufgaben korrekt festlegen

Betreuungskräfte machen typischerweise klassische Hausarbeit wie Kochen, Putzen, Einkaufen. Sie leisten ihrem Schützling zudem Gesellschaft und kümmern sich häufig auch um allgemeine Pflege, helfen etwa beim Waschen oder Essen. „Behandlungspflege" – wie Verbände wechseln, Spritzen geben oder Arzneien zusammenstellen – ist laut Dienstleistungsvertrag meist ausgeschlossen. Betrauen Sie einen Pflegedienst mit diesen Aufgaben. Die Krankenkasse des Bedürftigen trägt die Kosten, wenn ein Arzt Behandlungspflege verordnet. Achtung: Tätigkeiten wie Gartenarbeit, Fensterputzen, Kellerentrümpeln gehören nicht zu den üblichen Leistungen von Betreuungskräften.

→ Probleme lösen

Es kann etwas dauern, bis sich der Alltag mit einer Betreuungskraft einspielt. Versuchen Sie, Schwierigkeiten erst im direkten Gespräch zu lösen. Positiv ist, wenn Kunden sich dann auch an die Vermittlungsagentur wenden können.

Hausnotrufdienste: Hilfe auf Knopfdruck

Wir haben Hausnotrufdienste getestet. Die Anbieter im Test haben in fast allen Fällen geholfen. Doch auch Schwächen kamen ans Licht – und Risiken.

Wenn ältere Menschen allein in ihrer Wohnung wohnen sorgen sich Kinder und Enkel in der Ferne: Wer hilft, wenn Oma stürzt? Rund 900 000 Menschen in Deutschland nutzen für solche Situationen einen Hausnotruf, schätzt die gleichnamige Initiative, ein Verbund von Anbietern und Geräteherstellern.

Wir haben neun Hausnotrufdienste getestet, fünf von gemeinnützigen Verbänden (Arbeiter-Samariter-Bund, Deutsches Rotes Kreuz, Johanniter-Unfall-Hilfe, Malteser Hilfsdienst und Volkssolidarität) und vier von privaten Anbietern (Libify, Sonotel, Vitakt und Zembro). Wir hätten uns ein besseres Ergebnis gewünscht: Kein Dienst ist uneingeschränkt zu empfehlen. Die meisten

So laufen typische Notrufe ab. Auf Knopfdruck meldet sich die Zentrale. Wie deren Mitarbeiter reagieren, hängt von der Situation ab. Im medizinischen Notfall rufen sie den Rettungsdienst. Oft reicht es, Angehörige zu informieren – wie in unserem Test.

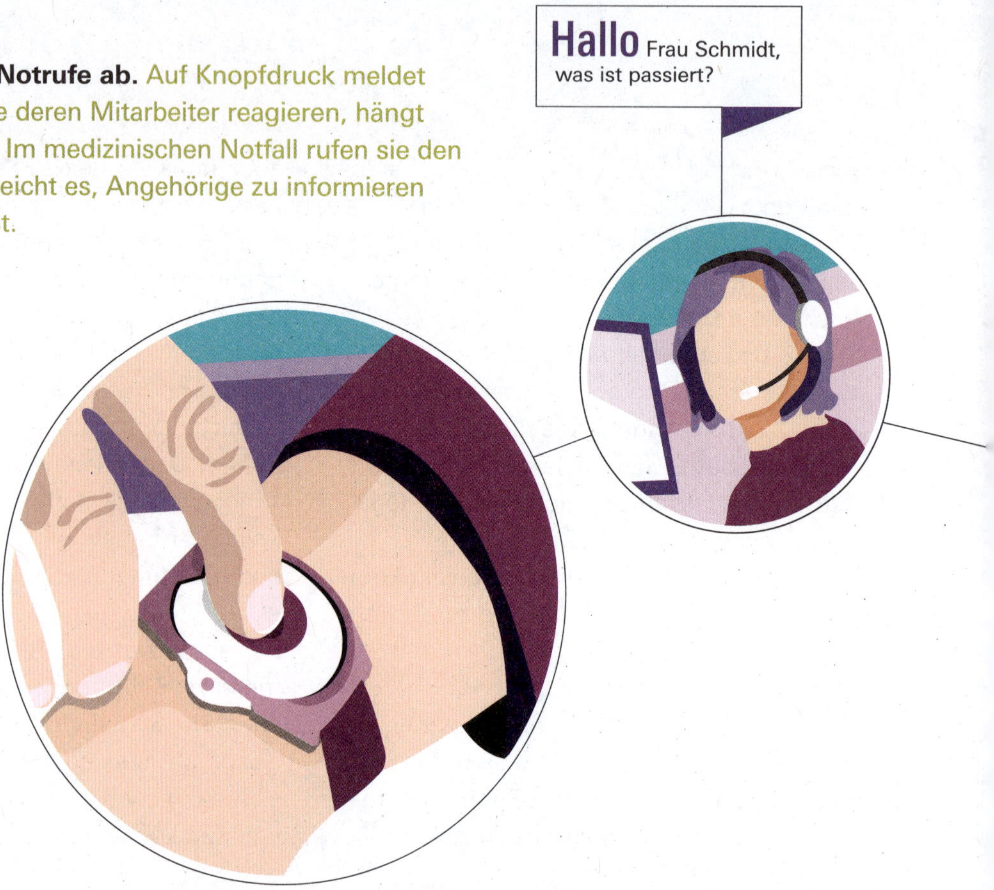

schneiden befriedigend ab, Sonotel ist nur ausreichend, Zembro mangelhaft. Immerhin: Bis auf einen Fall bei Zembro konnten alle Dienste unseren Testpersonen bei den von uns simulierten Notfällen helfen. Ihre Hauptaufgabe – das Bearbeiten von Notrufen – erfüllten sie gut oder befriedigend, wobei der Arbeiter-Samariter-Bund (ASB) dies am besten tat. Bei sechs Anbietern fanden wir deutliche oder sehr deutliche Vertragsmängel. Ohne sie wären alle Gemeinnützigen insgesamt gut: ASB, Deutsches Rotes Kreuz, Johanniter, Malteser und Volkssolidarität.

So funktioniert der Hausnotruf

Die meisten Anbieter arbeiten mit klassischen Hausnotrufgeräten. Die Kunden tragen ein Armband oder eine Kette mit Notrufknopf. Drücken sie ihn, geht ein Funksignal an die Basisstation. Sie verbindet sich mit der Notrufzentrale; dank Freisprechfunktion ermöglicht sie im Idealfall eine Kommunikation aus jedem Raum. Daneben gibt es moderne Systeme, die sowohl zu Hause als auch außerhalb der Wohnung funktionieren. Wir haben auch sie in den Test einbezogen: Libify und Zembro.

In der Zentrale bekommen die Mitarbeiter, die den Notruf entgegennehmen, alle Daten des Hilferufenden angezeigt: Name, Adresse, Gesundheitsinformationen, Kontaktpersonen. Sie entscheiden dann über das weitere Vorgehen. „Dafür sind die Mitarbeiter geschult", sagt die Juristin Verena Querling. Sie berät zu Pflegedienstleistungen bei der Verbraucherzentrale Nordrhein-Westfalen.

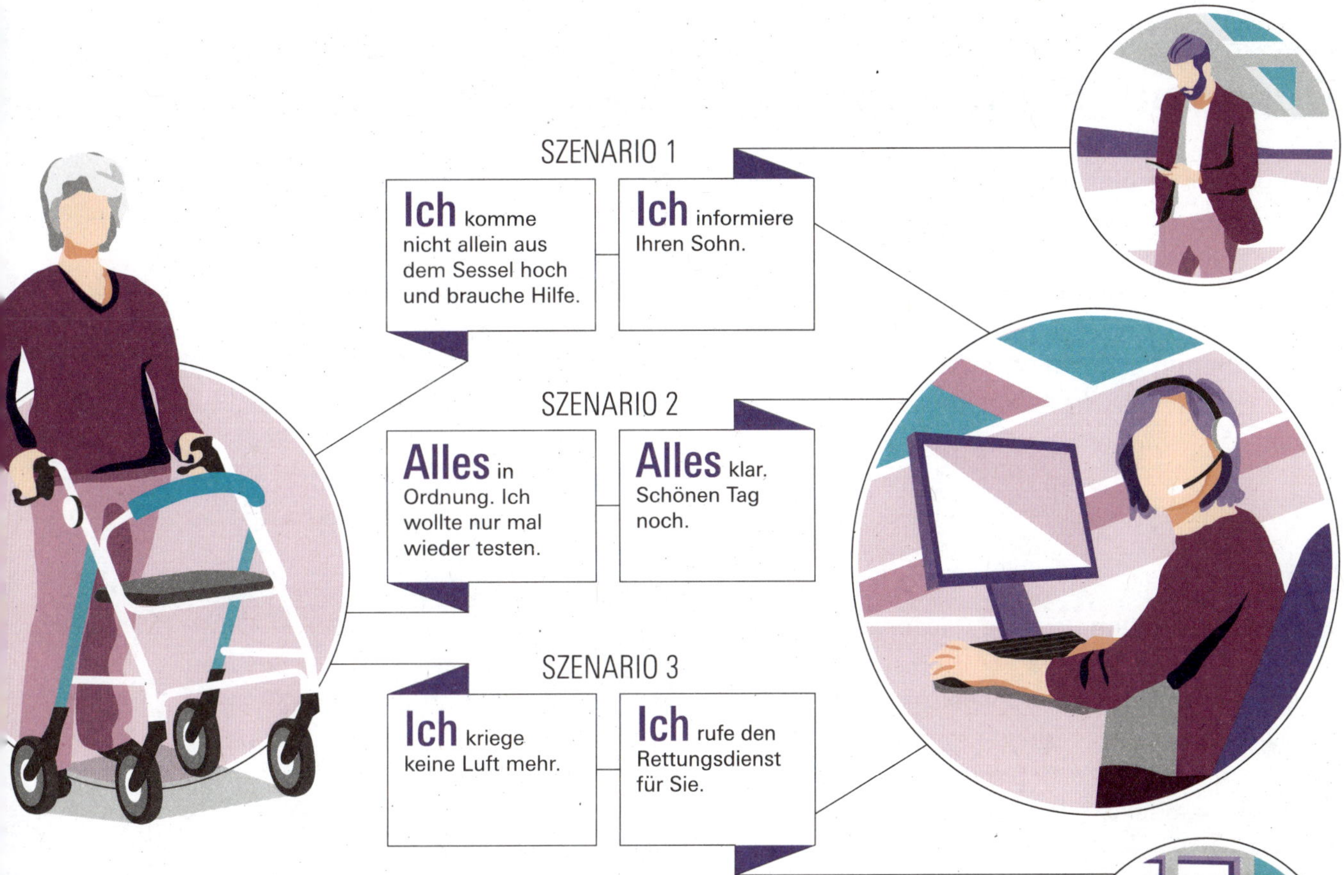

Hausnotruf ist kein Rettungsdienst

„Nur in zwei bis fünf Prozent aller Notrufe ist es erforderlich, den Rettungsdienst zu rufen“, sagt Matthias Langer. Er ist Geschäftsführer der Initiative Hausnotruf. Häufig lösten Technikwarnungen einen Alarm aus, etwa wenn Kunden beim Staubsaugen den Stecker vom Hausnotrufgerät gezogen haben. Es komme auch vor, dass sie sich nur unterhalten möchten oder aus Versehen den roten Knopf drücken. „Die Zentralen nehmen jeden eingehenden Notruf ernst“, versichert Matthias Langer. In 20 bis 30 Prozent der Fälle schicken sie Angehörige, Nachbarn oder einen Bereitschaftsdienst zu den Betroffenen.

Für unseren Test konfrontierten wir jeden Anbieter mit jeweils drei simulierten Notrufen, wie sie täglich bei den Zentralen eintreffen – etwa wenn die Betroffenen von der Bettkante gerutscht oder über den

Teppich gestolpert sind, ihr Hörgerät verloren haben, ihnen schwindlig oder übel ist. Unsere Tester waren Senioren in zwei deutschen Großstädten. Sie leben im Zentrum oder am Stadtrand, in Mietwohnungen oder Einfamilienhäusern. Wie die Dienste beim Alarm reagieren, war der wichtigste Prüfpunkt im Test. Außerdem wollten wir wissen: Wie gut beraten sie im Vorfeld? Wie steht es um die Inbetriebnahme der Geräte, Kundenservice, rechtliche Bedingungen?

Kaum einer fragt nach

Die Reaktion auf einen medizinischen Notfall konnten wir nicht prüfen, da wir Rettungsdienste nicht für Testzwecke missbrauchen dürfen. Wir erwarteten aber, dass auch bei einem leichten gesundheitlichen Problem

INFO

Tipps zum Einrichten und Nutzen

→ **Angebote vergleichen.** Informieren Sie sich über Leistungen und Kosten verschiedener Anbieter. Wenn Sie viel unterwegs sind, erkundigen Sie sich auch über mobile Notruflösungen.

→ **Krankheiten angeben.** Nennen Sie dem gewählten Dienst Ihre gesundheitlichen Einschränkungen und Medikamente, die Sie regelmäßig nehmen. Kontrollieren Sie, ob alle Angaben auf dem Formular für Ihre Daten richtig notiert sind. Teilen Sie Änderungen dem Hausnotrufdienst mit.

→ **Kontaktpersonen nennen.** Geben Sie am besten mehrere Personen an, die im Falle eines Notrufs verständigt werden können. Alle sollten gemäß Datenschutzverordnung schriftlich zustimmen, dass der Hausnotrufdienst persönliche Daten wie Name und Telefonnummer speichert.

→ **Bereitschaftsdienst buchen.** Sie haben niemanden, der jederzeit schnell bei Ihnen sein kann? Fragen Sie, ob im Notfall Mitarbeiter des Anbieters nach Ihnen schauen können. Das ist teils gegen Aufpreis möglich.

→ **Sprechverbindung testen.** Gehen Sie bei der Inbetriebnahme in den Raum, der am weitesten von der Basisstation entfernt ist. Achten Sie darauf, dass die Zentrale Sie noch verstehen kann und auch Sie den Mitarbeiter hören.

→ **Funkfinger immer tragen.** Liegt das Notruf-Armband in der Schublade, hilft es nicht im Notfall. Viele Geräte können sogar mit in die Dusche.

→ **Keine falsche Scheu.** Lösen Sie den Notruf aus, wenn Sie Hilfe brauchen. Dafür ist er da! Verharmlosen Sie im Ernstfall nicht, wie es Ihnen geht.

→ **Regelmäßig üben.** Testen Sie etwa einmal im Monat den Notrufknopf. Das kostet nichts. So können Sie ein Gefühl dafür bekommen, wie es ist, mit der Zentrale zu sprechen.

eine Frage zur Situation kommt: beispielsweise ob es ausreiche, die Tochter zu informieren, oder ob doch medizinische Hilfe nötig sei. Das taten im Test allerdings die wenigsten: Nur bei den Johannitern und Libify kam eine solche Nachfrage – aber auch nicht immer. Das ist ein Versäumnis: Da manche älteren Menschen ungern Umstände machen wollen, ist es denkbar, dass sie ihre Situation beschönigen.

Positiv fiel dagegen die Schnelligkeit der Zentralen auf: Die Mitarbeiter nahmen den Notruf meist innerhalb von wenigen Sekunden bis einer Minute an und informierten schnell die Kontaktpersonen. Bei Zembro allerdings meldete sich die Zentrale einmal gar nicht, sondern informierte nur die Angehörige per Smartphone-App, ein anderes Mal reagierte sie erst nach rund zwei Minuten. Kritisch merkten unsere Tester an, dass sie nicht immer erkennen konnten, ob sie den Notruf tatsächlich ausgelöst hatten. Einige Geräte signalisieren das mit einer automatischen Ansage, andere nicht. Welches Gerät ein Kunde bekommt, kann er kaum beeinflussen. Das hängt vorrangig vom Telefonanschluss ab.

Teils wenig einfühlsame Mitarbeiter

Wie schon im Test 2011 stellten wir erneut fest: Viele Anbieter gehen zu wenig auf die Bedürfnisse der meist älteren Kunden ein. Beim Notruf sprachen die Mitarbeiter der

Zentrale teils nicht laut genug oder waren wenig einfühlsam. Manche verschwanden einfach aus der Leitung und ließen die Tester im Unklaren, ob sie Hilfe veranlasst hatten. Ähnliches bei der Beratung und Installation: In Ruhe erklären und auf mögliche Situationen eingehen, etwa wenn Angehörige nicht erreichbar sind – das vermissten unsere Testkunden des Öfteren. Bei einer Testerin blieb das Gefühl: „Das hätte ein Versicherungsvertreter sein können."

UNSER RAT

Die Besten im Test

Wenn Sie gesundheitlich eingeschränkt oder sturzgefährdet und oft allein zu Hause sind, kann ein Hausnotruf für Sie sinnvoll sein. Am besten bearbeitete die Notrufe der **Arbeiter-Samariter-Bund**, gefolgt vom **Malteser Hilfsdienst**, **Deutschen Roten Kreuz** und der **Johanniter-Unfall-Hilfe**. Wegen deutlicher Vertragsmängel schneidet aber keiner von ihnen insgesamt gut ab. Die ausführlichen Testergebnisse finden Sie unter test.de/hausnotruf.

Tester schätzen Hilfe bei Installation

Zur Inbetriebnahme schickten die gemeinnützigen Verbände einen Techniker. Am besten klappte die Installation samt Funktionstests bei der Volkssolidarität, wenngleich deren Techniker in einem Fall wenig sensibel auftrat: Er forderte die ältere Testkundin und die Angehörige schroff auf, selbst ein Sofa zu rücken. Generell aber schätzten unsere Tester die Unterstützung: „Es kommt für mich als alte Frau nicht infrage, das selber zu installieren", sagte eine.

Bei den privaten Diensten installierten die Tester die Geräte allein, teils mithilfe einer Telefonhotline. Das klappte manchmal nur, weil Angehörige dabei waren. Die größten Probleme gab es bei Sonotel, einmal waren mehrere Hotline-Anrufe nötig. Zudem reichten die Funktionstests nicht aus.

Unzureichende Funktionstests fielen auch bei anderen Anbietern im Test auf: Nur in etwa der Hälfte der Testfälle prüfte die Zentrale mit dem Kunden, ob sie sich noch hören, wenn der Notrufende etwas weiter weg von der Basisstation steht, etwa im Bad. Das kann eine Ursache dafür sein, dass bei jedem fünften Notruf im Test die Sprachqualität schlecht war. Ein Risiko, das sich leicht minimieren ließe – für ein Plus an Sicherheit.

Was an Kosten auf Sie zukommt

Für Nutzer mit Pflegegrad, die gänzlich oder überwiegend allein sind, trägt in der Regel die Pflegeversicherung die Kosten für den Hausnotruf. Das gilt für fast alle Dienste im Test. Nur Zembro ist noch nicht von den Kassen anerkannt. Extras wie Schlüsselverwahrung müssen Kunden selbst zahlen.

Die meisten Kunden sind Privatzahler. Die Grundleistung kostet im Monat 23 bis 29 Euro, bei Zembro 39 Euro. Teils kommen einmalige Anschlusskosten von bis zu 60 Euro hinzu. Schlüssel Verwahren kostet extra. Bis auf Zembro bieten die Dienste an, einen Schlüssel zu hinterlegen oder einen Schlüsselsafe am Haus des Kunden einzurichten. Sonotel übernimmt das gegen eine Kaution von 50 Euro. Die anderen Anbieter verlangen dafür einen monatlichen oder einmaligen Betrag.

Mitunter ist ein Notrufgerät nötig, das sich per Mobilfunk mit der Zentrale verbindet. Manche Anbieter verlangen dafür Extragebühren.

Einen Pflegedienst finden

Dass Pflegebedürftige zu Hause wohnen bleiben können, machen professionelle Pflegekräfte oft erst möglich.

Pflege zu Hause gut zu organisieren geht mit professioneller Hilfe von außen leichter. Ein guter Pflegedienst entlastet Angehörige und Pflegebedürftige. Eine Arbeitsteilung zwischen Familie und Pflegedienst ist dabei meist die beste Lösung. Die professionellen Pflegekräfte übernehmen einen wichtigen Teil der häuslichen Pflege und tragen häufig auch zur Entspannung der oft allzu engen Beziehung zwischen Pflegenden und Gepflegten bei. Sie haben die nötige Distanz, beraten bei allen Fragen rund um die häusliche Pflege, bringen Abwechslung und neue Ideen, sind erfahren und tatkräftig. Sollten sie selbst einmal mit ihrem Wissen am Ende sein, kümmern sie sich um weitergehende Unterstützung.

Pflegebedürftige sind um die „fremde" Hilfe meist froh, wenn auch manchmal erst nach einer Anlaufphase. Es kommt nicht selten vor, dass sie bei bestimmten Tätigkeiten, zum Beispiel der Intimpflege, den Beistand von professionellen Pflegern leichter annehmen können als von ihren Angehörigen.

Was Pflegedienste leisten

Ambulante Pflegedienste bieten meist Leistungen der sogenannten Grundpflege, beispielsweise Körperpflege und Ernährung, und der medizinischen Behandlungspflege, also Pflege, die aufgrund einer Erkrankung notwendig ist und vom Arzt verordnet wird.

Zu den Aufgaben eines Pflegedienstes gehören unter anderem: Waschen, Unterstützung bei Toilettengängen, die Zubereitung von Mahlzeiten und Hilfe beim Betten und Lagern, die Kontrolle von Blutdruck, Spritzen geben und Wunden versorgen. Darüber hinaus übernehmen sie Betreuungsaufgaben und helfen im Haushalt.

Bevor Sie sich auf die Suche nach einem geeigneten Pflegedienst machen, sollten Sie den konkreten Pflegebedarf ermitteln: Welche Hilfestellungen braucht der Pflegebedürftige, welche Dinge kann er noch gut allein, bei welchen Verrichtungen überschätzt er sich? Leistungen in Bereichen der Grundpflege und der hauswirtschaftlichen Versorgung bezuschusst die Pflegekasse als sogenannte Sachleistung, sofern der Pflegebedürftige in Pflegegrad 2 oder höher eingestuft ist. Mit der Krankenkasse abgerechnet werden fast alle Leistungen der medizinischen Behandlungspflege. Betreuungsleistungen müssen Betroffene selbst zahlen. Haben sie mindestens Pflegegrad 1, können sie den sogenannten Entlastungsbetrag von 125 Euro monatlich dafür – aber auch für Pflegeleistungen – nutzen. Mehr zur Finanzierung siehe „Geld für die Pflege", S. 33.

Auf Empfehlungen vertrauen

Bundesweit gibt es rund 15 000 Pflegedienste. Wohlfahrtsverbände, kirchliche Träger sowie zahlreiche private Unternehmen bieten Unterstützung an. Wer einen Pflegedienst sucht, sollte sich zuerst an die Pflegekasse des Pflegebedürftigen wenden. Sie ist gesetzlich verpflichtet, dem Versicherten eine Liste aller zugelassenen Pflegedienste in der Region zu übersenden. Darüber hinaus können Familien geeignete Pflegedienste auf den dafür von den Krankenkassen eingerichteten Internetseiten suchen, beispielsweise Aok-pflegenavigator.de, Pflegelotse.de und Der-Pflegekompass.de.

Eine Alternative ist der Hausarzt. Er sollte Pflegedienste in der Umgebung nennen können. Vielleicht haben auch Nachbarn oder Freunde gute Erfahrungen mit einem bestimmten Anbieter gemacht oder von einem guten Dienst gehört.

Um verschiedene Angebote vergleichen zu können, empfiehlt es sich, zunächst mehrere Dienste anzurufen und um Zusendung von Informationsmaterial zu bitten. Diese Unterlagen sollten Auskunft über die angebotenen Pflegeleistungen geben. Außerdem sollten sie eine Preisliste und ein Muster des Pflegevertrags enthalten. Vor allem den Vertrag sollten Sie genau prüfen.

Kommen nach dem Studium der Unterlagen mehrere Dienste infrage, sollten Sie kostenlose und unverbindliche Beratungsgespräche mit der jeweiligen Pflegedienstleitung verabreden – und das am besten im häuslichen Umfeld des Pflegebedürftigen. Beim Gespräch sollten Sie den ermittelten Bedarf nennen und viele Fragen stellen, etwa: Wie zeitlich flexibel ist der Dienst im Hinblick auf die Gewohnheiten des Pflegebedürftigen? Kann er auch mal kurzfristig einspringen? Welche Ausbildung haben die Mitarbeiter? Kann der Pflegedienst sämtliche Bereiche abdecken, in denen Hilfe benötigt wird? Ist er rund um die Uhr erreichbar? Hat er einen Versorgungsvertrag für alle Pflegegrade mit der Pflegekasse?

UNSER RAT

Ein Vergleich lohnt

Unterstützung. Vor allem bei den klassischen Pflegetätigkeiten können Sie sich Hilfe von Pflegeprofis holen. Fragen Sie bei Pflegekasse und Pflegestützpunkt nach Diensten in Ihrer Nähe. Sie finden sie auch auf Seiten wie Pflegelotse.de.

Vergleich. Lassen Sie sich von mehreren Diensten Informationsmaterial, Preislisten und Musterverträge schicken. Hilfe bei der Auswahl eines Dienstes bietet eine umfangreiche Checkliste von Weisse Liste (im Internet: Weisse-liste.de/de/pflege/pflegedienst-checkliste)

Den Pflegevertrag prüfen

Umfassend und detailliert – so sollte ein Pflegevertrag aussehen. Wir sagen, worauf es ankommt.

Vertrauen ist die persönliche Basis für die Beziehung zwischen den Pflegebedürftigen und ihrer Pflegekraft. Die rechtliche Basis dafür ist der Pflegevertrag. Der Vertrag regelt, welche Leistungen einem pflegebedürftigen Menschen zustehen und welche Kosten dafür anfallen.

Besonders wichtig: Sämtliche Pflegeleistungen, die der Pflegebedürftige und der Pflegedienst vereinbaren, müssen im Vertrag genannt sein. Denn nur dann lässt sich überprüfen, ob die Pflege erbracht wurde – und nur dann kann man sich beschweren, sollte das nicht der Fall sein.

1 Der Vertragspartner sollte der Pflegebedürftige selbst sein.

Wer Vertragspartner des Pflegedienstes ist, der muss auch für die erbrachte Pflege zahlen. Deshalb ist es wichtig, dass im Pflegevertrag der Pflegebedürftige selbst als Vertragspartner genannt wird und nicht etwa ein Angehöriger, der die Pflege organisiert.

Das bedeutet aber nicht, dass der zu Pflegende den Vertrag selbst unterzeichnen muss. Das kann zum Beispiel auch ein bevollmächtigter Angehöriger oder gesetzlicher Betreuer tun. Achten Sie in einem solchen Fall darauf, dass der Unterzeichnende mit „in Vertretung" unterschreibt.

2 Der Vertrag muss alle Pflegeleistungen genau aufführen.

Sämtliche Pflegeleistungen sollten umfassend beschrieben sein. Oft ist in Pflegeverträgen aber das Gegenteil der Fall. Die verwendeten Begriffe, wie „Grundpflege" oder „Pflege gemäß Pflegegrad 2", sind ungenau und lassen die geschuldeten Pflegeleistungen nicht erkennen. Es reicht nicht aus, wenn die Leistungsbereiche, zum Beispiel „Große Körperpflege", das Lagern oder die Nahrungsaufnahme, aufgelistet sind. Denn auch darunter verbergen sich zahlreiche Einzelleistungen, die von Bundesland zu Bundesland verschieden sein können.

Besser ist es also, wenn die Tätigkeit des Pflegedienstes noch weiter konkretisiert wird. Geht es zum Beispiel um die „Große Körperpflege", sollte der Vertrag die einzelnen Tätigkeiten und Hilfen nennen, zum Beispiel Transfer aus dem Bett oder ins Bett, Aus- und Ankleiden, Waschen/Duschen/Baden, Mund- und Zahnpflege, Hautpflege, Kämmen/Herrichten einer Tagesfrisur, Rasieren, Bett machen.

Außerdem sollte festgelegt werden, wie häufig bestimmte Pflegeleistungen erbracht werden sollen und – gegebenenfalls – an welchen Tagen und zu welcher Uhrzeit.

3 Der Vertrag muss die Kosten für die einzelnen Pflegeleistungen nennen.

Nicht nur die Leistungen müssen genau beschrieben sein, sondern auch die Kosten, die dafür anfallen. Dazu gehört, dass der Vertrag ausweist, an welchen Kosten sich Pflege- und Krankenkasse beteiligen. Neben den aufgeschlüsselten Kosten muss ersichtlich sein, wie hoch die Gesamtkosten sind.

Wenn Investitionskosten berechnet werden, müssen diese ebenfalls im Vertrag ausgewiesen sein. Dazu zählen die Wartung von Fahrzeugen des Pflegedienstes und die Mieten für Büros. Die Investitionskosten werden nicht von der Pflegekasse übernommen.

Wenn sich Preise erhöhen, muss der Pflegedienst das vorher schriftlich ankündigen. Achten Sie darauf, dass Sonn- und Feiertagszuschläge separat aufgeführt sind.

Lassen Sie sich vom Pflegedienst eine Beispielrechnung vorlegen. Dann können Sie erkennen, wie hoch der Anteil ist, den Sie zu zahlen haben. Außerdem können Sie den Vertrag besser mit anderen Angeboten vergleichen.

4 Alle durchgeführten Pflegeleistungen müssen dokumentiert werden.

Der Pflegedienst muss täglich festhalten, welche Aufgaben er beim Pflegebedürftigen ausgeführt hat. Das Schriftstück, die „Pflegedokumentation", oder eine Kopie davon bleibt beim Pflegebedürftigen. Anhand dieser Dokumentation lässt sich überprüfen, ob der Pflegedienst alle vereinbarten Arbeiten erledigt hat.

Am Monatsende wird auf der Grundlage der Pflegedokumentation ein Leistungsnachweis erstellt. Prüfen Sie diesen genau. Die Angaben in beiden Dokumenten müssen übereinstimmen. Der Pflegedienst reicht den Leistungsnachweis bei der Pflegekasse ein, um mit ihr abzurechnen.

5 Der Vertrag soll die Art und Weise der Bezahlung festlegen.
Meist besteht die Möglichkeit, die Rechnung per Bankeinzug oder Überweisung zu zahlen. Am einfachsten ist die Zahlung per Bankeinzug. Sie hat aber den entscheidenden Nachteil, dass Sie die Rechnung nicht prüfen können, bevor Sie bezahlen. Wählen Sie hingegen die Überweisung, können Sie die einzelnen Punkte in aller Ruhe durchgehen und den Rechnungsbetrag gegebenenfalls kürzen, wenn Sie mit einer Leistung nicht zufrieden sind.

Der Pflegedienst sollte seine Rechnung erst stellen dürfen, wenn er die Pflegeleistung erbracht hat. Voraus- und Abschlagszahlungen sollten Sie nicht vereinbaren.

6 Der Vertrag sollte regeln, dass der Pflegedienst für Schäden haftet.
Der Pflegedienst sollte sich vertraglich verpflichten, für Schäden einzustehen, die Mitarbeiter verursachen. Dabei könnte es zum Beispiel um zerbrochenes Geschirr, zerkratztes Parkett oder einen verlorenen Schlüssel gehen. Auch Personenschäden sollten mit umfasst sein. Achten Sie darauf, dass die Haftung nicht auf Vorsatz und grobe Fahrlässigkeit beschränkt ist.

7 Der Pflegedienst sollte keine allzu kurze Kündigungsfrist haben.
Der Pflegebedürftige hat das Recht, einen Pflegevertrag fristlos zu kündigen. Das hat der Bundesgerichtshof entschieden (Az. III ZR 203/10). Das gleiche Recht gilt aber nicht für den Pflegedienst. Hier sollten Sie darauf achten, dass der Dienst nur mit einer längeren Frist kündigen kann, zum Beispiel sechs Wochen zum Quartalsende. Ansonsten besteht die Gefahr, dass Sie eine Weile ohne Pflegedienst dastehen, wenn Sie den bisherigen nicht umgehend ersetzen können. Eine längere Kündigungsfrist für den Pflegedienst verschafft Ihnen Zeit, sich nach einem neuen Dienstleister umzuschauen.

Es sollte die Möglichkeit geben, dass der Pflegevertrag ruht, wenn der zu Pflegende ins Krankenhaus eingeliefert wird oder zeitweise in einer Pflegeeinrichtung betreut werden muss. Mit dem Tod des Pflegebedürftigen endet die vertragliche Beziehung.

CHECKLISTE

Was der Vertrag noch regeln sollte

- → **Termine absagen.** Es muss klar werden, bis wann der Besuch des Pflegedienstes abgesagt werden darf, ohne dass Kosten entstehen. Begriffe wie „rechtzeitig" sind zu ungenau. Der Vertrag sollte klare Zeitangaben machen.
- → **Schlüssel übergeben.** Oft ist es notwendig, dass der Pflegedienst einen Schlüssel zum Haus oder zur Wohnung hat. Halten Sie schriftlich fest, dass der Schlüssel übergeben wurde und nicht in die Hände weiterer Personen gelangen darf.
- → **Beschwerde einlegen.** Wenn Sie unzufrieden sind, sollten Sie die Möglichkeit haben, sich zu beschweren. Der Vertrag sollte Auskunft darüber geben, wer in einem solchen Fall Ihr Ansprechpartner ist und ob es jemanden gibt, der bei einem Streit vermittelt.
- → **Kooperationspartner nennen.** Nicht immer kann der Pflegedienst alle Leistungen allein erbringen. Wenn er mit Partnern zusammenarbeitet, sollten diese im Vertrag genannt sein
- → **Zusätzliches festhalten.** Wenn Sie Zusatzvereinbarungen treffen, müssen diese schriftlich festgehalten und unterschrieben werden.

Wenn es zu Hause nicht mehr geht

Spätestens wenn eine gute Pflege zu Hause nicht gewährleistet ist oder sich die Wohnung nicht eignet, ist ein Umzug angesagt. Je nach Hilfebedarf und je nach individueller Situation gibt es unterschiedliche Optionen: von betreutem Wohnen über Seniorenresidenzen und Pflege-WGs bis hin zum klassischen Pflegeheim.

In diesem Kapitel stellen wir die Vor- und Nachteile dieser Möglichkeiten vor und zeigen, worauf Sie bei der Wahl des neuen Zuhauses achten sollten.

Betreutes Wohnen

Barrierefrei Wohnen mit Hausnotruf und der Chance, sich mit anderen unkompliziert auszutauschen, erleichtert viel.

Betreutes Wohnen ist für Menschen interessant, die im Alltag noch weitgehend selbstständig zurechtkommen, sich aber aber auf lange Sicht Unterstützung wünschen. Vorteil: Die Wohnungen sind auf Ältere zugeschnitten, und im Notfall ist rasch Hilfe da.

Das Betreute Wohnen ist mit Zusatzkosten verbunden. Aber auch ein Umzug auf dem normalen Wohnungsmarkt könnte vor allem in Ballungsräumen mit einer höheren Miete verbunden sein. Preiswerter ist das Betreute Wohnen in ländlichen Gebieten.

Wichtig ist: Wo soll die neue Wohnung liegen? Im vertrauten Viertel? In der Nähe der Kinder? Bei einigen Einrichtungen gibt es Wartezeiten von mehreren Jahren. Es ist daher gut, frühzeitig mit der Suche zu beginnen.

Neubau oder altes Gutshaus

Angeboten werden Miet- und Eigentumswohnungen verschiedener Größe. Sie können in einem Neubaukomplex, einer einstigen Büroetage oder einer alten Stadtvilla liegen. Bei der Suche helfen Überblicksportale im Internet – in Berlin ist das der Hilfelotse-Berlin, Informationsmaterial ist auch in den regionalen Pflegestützpunkten erhältlich.

Die Wohnung sollte barrierefrei nach DIN 18040 sein: ebenerdige Räume oder Fahrstuhl, extrabreite Türen, bodengleiche Dusche, Griffe extra tief angebracht, Heizung, Fenster und Licht komfortabel zu bedienen.

Zur Wohnung sollte eine Küchenzeile gehören, wenn möglich Balkon oder Terrasse, ein Abstellraum und eventuell ein Pkw-Stellplatz. Sie sollte über Telefon-, Internet- und Fernsehanschluss verfügen. Die eigenen Möbel können mitgebracht werden.

Bei Unfall oder Krankheit

Sehr wichtig ist ein Hausnotruf, mit dem rund um die Uhr jemand alarmiert werden kann – im Haus oder bei einem externen Dienstleister (siehe „Hausnotrufdienste", S. 83). Vorteil des hauseigenen Services: Die Mitarbeiter können bei einem Notfall rasch zur Stelle sein und sich um den Bewohner kümmern, bis der Krankenwagen eintrifft.

Es sollte eine Regelung für den Krankheitsfall geben. Wer versorgt den Mieter, wenn dieser etwa wegen einer Grippe das Bett hüten muss? Für Menschen mit fortgeschrittener Demenz ist das Betreute Wohnen nicht geeignet, das Gefährdungspotenzial ist zu groß. Es gibt jedoch Anlagen, an die eine Demenz-WG angegliedert ist. Das ist ideal für Paare, bei denen ein Partner an Demenz erkrankt ist.

Tipp: Zieht ein Paar in eine größere Wohnung und der Partner stirbt, kann es für den Hinterbliebenen schwierig werden, die Miete aufzubringen. Ein Anrecht darauf, in eine kleinere Wohnung zu wechseln, gibt es nicht. Ist ein Partner vor dem Einzug pflegebedürftig, kann es mitunter günstiger sein, zwei Einzelappartements zu mieten.

Was sonst noch wichtig ist

Betreutes Wohnen sollte einen Hausmeisterdienst umfassen, der sich um die Anlage und die Gemeinschaftsbereiche kümmert. Auch sollte es eine Betreuungskraft geben, die für Fragen des täglichen Lebens ansprechbar ist. Sie kann beispielsweise Dienstleistungen vermitteln oder beim Schriftverkehr helfen.

Eine große Rolle spielt die Lage: Sind Supermarkt, Friseur, Cafés, Apotheke und Arztpraxen gut zu erreichen? Ist die Anlage an öffentliche Verkehrsmittel angebunden? Gibt es Grünflächen für Spaziergänge?

Welche Angebote sind mir ansonsten wichtig? Die Ausstattung – Garten, Fitnessraum oder Ladestation für E-Bikes – schlägt sich in den monatlichen Kosten nieder. Zum Spektrum können Kultur- und Sportaktivitäten gehören. Wer nicht mobil ist, ist angewiesen auf Veranstaltungen im Haus, ob Gymnastik, Musikabend oder Literaturzirkel.

Kontakt mit anderen Mietern sollte im Betreuten Wohnen gefördert werden. Wert gelegt werden sollte auf einen Gesellschaftsraum, in dem Feste gefeiert oder Spieleabende veranstaltet werden können. Praktisch ist ein gemeinsamer Mittagstisch, der darüber hinaus Geselligkeit bietet.

Erstellen Sie eine Checkliste: Welche Angebote brauche ich aktuell, was vielleicht in einigen Jahren? Möchte ich ein Haustier mitnehmen? Brauche ich den Blick ins Grüne?

Servicekosten pauschal

Zu Miete und Nebenkosten kommt im Betreuten Wohnen eine Servicepauschale von meist 50 bis 150 Euro pro Monat. Art und Umfang der Leistungen sind im separaten Servicevertrag genau aufzulisten. Weitere Unterstützungsleistungen wie Reinigungskraft, Wäschedienst, Fußpflege oder Einkaufsservice kann der Mieter dazubuchen.

Die Bewohner können einen Pflegedienst ihrer Wahl beauftragen. Vielleicht empfehlen andere Mieter oder die Betreuungskraft eine Agentur. Mit dem Dienst wird ein separater Pflegevertrag abgeschlossen. Auch Angehörige können die Pflege übernehmen oder sich die Aufgaben mit professionellen Kräften teilen.

Manche Einrichtungen drängen Mieter, den hauseigenen Pflegedienst zu beauftragen. Das ist nicht rechtens, aber mancher Bewohner möchte Konflikte vermeiden und willigt ein. Die Pflegeleistungen müssen aber nicht schlechter sein als die eines vergleichbaren Anbieters. Läuft alles gut, kann der Mieter mit ambulanter Pflege bis zum Lebensende in seiner Wohnung bleiben.

Es gibt aber auch Einrichtungen mit angegliedertem Pflegeheim. Bei hohem Pflegebedarf könnte der Bewohner in die stationäre Einrichtung umziehen.

Reichen Einkommen und Vermögen eines Bewohners nicht für die Wohnkosten aus, kann das Sozialamt einspringen, sofern keine anderen Mittel vorhanden sind. Beim Amt gibt es die entsprechenden Anträge.

Wohngeld kann unter bestimmten Voraussetzungen auch im Betreuten Wohnen als Mietkostenzuschuss gezahlt werden – mehr weiß die örtliche Wohngeldbehörde.

Wer über Betreutes Wohnen nachdenkt, sollte die Alternativen durchrechnen. **Beispiel:** In einer 2018 gebauten Einrichtung in Berlin-Marienfelde beträgt die Miete 11,40 Euro kalt plus 4 Euro Nebenkosten pro Quadratmeter. Hinzu kommen 65 Euro monatlich Servicepauschale. Eine Neubauwohnung bis 40 Quadratmeter Größe kostet dort laut Mietspiegel zwischen 7,50 und 9,51 Euro nettokalt. Hinzukommen können eines Tages Kosten für ambulante Pflege.

Vier Wochen Probewohnen

Die Wohnanlage besichtigen Interessenten am besten zu zweit. Wie ist die Atmosphäre, wie gehen Mitarbeiter mit Bewohnern um? In mancher Anlage lässt sich gegen Entgelt probewohnen. Vier Wochen sind ein guter Zeitraum, um sicher zu entscheiden.

Seniorenresidenzen

Komfortable Unterbringung und Rund-um-Service haben ihren Preis. Nicht jedes Haus passt zu jedem.

In einer Seniorenresidenz verbinden sich im besten Fall die Vorteile des Betreuten Wohnens mit den Vorzügen eines guten Hotels. Häuser der gehobenen Preisklasse bieten Annehmlichkeiten wie Swimmingpool, Konzertsaal, Elbblick oder vom Sternekoch zusammengestellte Mahlzeiten.

Das hat seinen Preis: 2 500 Euro Minimum monatlich für 1,5 Zimmer (38 Quadratmeter) sind üblich, für zwei Zimmer (50 Quadratmeter) sind es 3 000 Euro aufwärts.

Entspricht die Ausstattung meinen Wünschen?

In den meisten Residenzen gibt es einen Speisesaal, in dem mittags und abends wechselnde Menüs serviert werden. Das Ambiente kann sich stark unterscheiden: In einem Haus geht es familiär zu, Mitarbeiter sind mit Bewohnern im Gespräch. Das andere Haus verströmt den Flair vornehmer Zurückhaltung, prominente Namen stehen auf dem polierten Klingelschild. Ein Betreiber legt Wert auf Naturstein und Marken-Einbauküche, in anderen Residenzen sind die Wohnungen einfacher gestaltet.

Die Quadratmeterpreise sind höher als in üblichen Seniorenwohneinrichtungen. Umso sorgfältiger ist zu überlegen, ob Größe und Grundriss der angebotenen Wohnung den eigenen Wünschen entsprechen. Wohnungen mit mehreren Zimmern sind rar, besonders hier kann es lange Wartezeiten geben. Eigene Möbel können mitgebracht werden.

Gemeinschaftsbereiche und Wohnungen sollten in jedem Fall auf die Bedürfnisse älterer Menschen ausgerichtet sein. In jedes Appartement gehört ein Notfallknopf. Eine Betreuungskraft sollte sich um die Belange der Mieter kümmern. Oft sind Hausdame oder Concierge rund um die Uhr ansprechbar, helfen bei Alltagsproblemen, vermitteln Dienstleistungen und kümmern sich bei vorübergehender Erkrankung um die Mieter.

Interessierte sollten sich einen eigenen Eindruck von einer Residenz verschaffen, sich durch die Anlage führen lassen, einen Kaffee im Speiseraum oder dem Café trinken. Wenn Probewohnen möglich ist, ist das gut. **Wichtige Fragen sind:** Nutze ich Angebote wie Yoga oder Sprachkurse wirklich, brauche ich die Bank oder den Arzt im Haus? Was sind mir der Bachlauf im Garten oder die Nähe zum Luxuskaufhaus wert? All das wird mitbezahlt. Meist sind Miete, Nebenkosten und Grundservice pauschal zusammengefasst.

Pflegebedarf berücksichtigen

Kosten für eine ambulante Pflege können im Lauf der Zeit dazukommen, wobei Bewohner meist selbst einen Pflegedienst wählen können. Dass der Eigenanteil mit zunehmendem Pflegebedarf steigt, sollte unbedingt einkalkuliert werden. Reichen Rente, Pension oder Vermögen nicht mehr aus, um Miete plus Pflege zu bezahlen, kann ein Umzug in ein Pflegeheim nötig werden.

Bei dem Anbieter Augustinum gibt es eine Art private Pflegeversicherung in Form eines Solidarfonds. Gegen einen Monatsbeitrag deckelt dieser die Pflegekosten. Ob der Abschluss sinnvoll ist, hängt vom Eintrittsalter des Pflegebedürftigen und den Vorerkrankungen ab. In den ersten zwei Jahren gibt es keine Leistungen.

Einige Residenzen verfügen über spezielle Pflegeappartements, eine eigene Pflegeabteilung oder sind an ein Pflegeheim angegliedert. Falls ein Bewohner eines Tages deutlich mehr medizinische Versorgung benötigt, könnte er dorthin umziehen.

Er schließt dann einen Vertrag über stationäre Pflege ab, der bisherige Mietvertrag und der Vertrag über die ambulante Pflege werden üblicherweise aufgelöst. Pflegekosten zahlen die Bewohner hier privat. Sie können dafür allerdings Leistungen bei der Pflegekasse beantragen.

Residenzen im Ausland

Besonders in den östlichen Nachbarländern Polen, Ungarn und Tschechien haben sich Seniorenresidenzen auf deutsche Kundschaft spezialisiert. Sie bieten ähnliche Leistungen preiswerter an und versprechen qualitativ hochwertige Pflege. Die Pflegekräfte sprechen Deutsch. Angehörige berichten von freundlichem und kompetentem Personal. Nachteil: Bewohner leben in einem fremden Umfeld, Freunde und Familie sind weit entfernt.

Pflege-WGs

Die familiäre Atmosphäre von Pflegewohngemeinschaften lässt Bewohnern und Angehörigen einige Freiräume. Eine Betreuung rund um die Uhr ist gesichert.

In der großen Küche ist um halb zehn noch nicht allzu viel Betrieb. Nur zwei Frauen haben es sich bisher zum Frühstück bequem gemacht. Die anderen sechs Bewohner der Demenz-WG sind in ihren Zimmern, schlafen noch oder werden gerade von einer Pflegekraft versorgt. „Wir haben im Moment einige Langschläfer hier – aber jeder so, wie er mag", sagt Maike Horstbrink lächelnd. Sie ist die Geschäftsführerin des „Hauspflegevereins". Dieser ambulante Pflegedienst ist Träger der Wohngemeinschaft, die sich im Zentrum von Bielefeld befindet.

Die Wände in Küche und Eingangsbereich sind in Orange und Gelb gestrichen und gepflastert mit Bildern und Pinnwänden, darauf Fotos von den Bewohnern und Betreuungskräften. Die Möbel im gemeinschaftlich genutzten Wohnzimmer und in der Küche sind ein bunter Mix aus Alt und Neu. Einige der Stücke stammen noch von früheren WG-Mitgliedern. Für die eigenen Zimmer – alle mindestens 14 Quadratmeter groß und mit eigenem Bad – haben die Bewohner ebenfalls ihre persönlichen Möbel mitgebracht.

Sicherheit und Gemeinschaft

Eine Wohngemeinschaft wie diese kann eine Alternative zur Unterbringung im Heim sein, zum Beispiel wenn jemand aufgrund einer Demenz oder anderer Beeinträchtigun-

UNSER RAT

Die passende WG finden

Umzug. Kann jemand etwa aufgrund einer Demenz nicht mehr allein leben, spricht für die WG der meist kleine, familiäre Rahmen, in dem sich neue Bewohner leichter zurechtfinden können. Damit verbunden ist aber eventuell ein höherer organisatorischer Aufwand für die Angehörigen als etwa im Heim.

Auswahl. Überlegen Sie, welches WG-Konzept zur pflegebedürftigen Person und zu den Angehörigen passt. Klären Sie im Vorhinein, welcher Aufwand je nach Gemeinschaft auf Sie zukommt und ob das machbar ist.

Kennenlernen. Besuchen Sie die Gemeinschaft oder Wohngruppe vorab. Vielleicht besteht auch die Möglichkeit, dass die Wohninteressenten dort für eine gewisse Zeit zur Probe wohnen können. So lernen Sie die Gemeinschaft kennen und können abschätzen, ob der Pflegebedürftige und Sie dazu passen.

WG gründen. Finden Sie keine passende Wohngruppe für einen pflegebedürftigen Angehörigen, prüfen Sie, ob die Gründung einer neuen WG infrage kommt. Lassen Sie sich dazu und zu möglichen Zuschüssen von der Pflegekasse unbedingt beraten, zum Beispiel bei der Bundesinteressenvertretung der Nutzerinnen und Nutzer von Wohn- und Betreuungsangeboten im Alter und bei Behinderung (biva.de) oder bei einer Verbraucherzentrale.

gen eine Betreuung rund um die Uhr benötigt. „Diese Wohnform bietet viele Pluspunkte", sagt Ursula Kremer-Preiß vom Kuratorium Deutsche Altershilfe: „Kleine Wohneinheiten, ein persönliches Umfeld, das den Bewohnern schnell vertraut werden kann, und oftmals einen hohen Betreuungsschlüssel."

Hinzu komme, dass die Bewohner und ihre Angehörigen meist einige Wahlfreiheiten haben, zum Beispiel bei der Gestaltung des Tagesablaufs oder wenn es um besondere Vorlieben bei den Mahlzeiten geht. Diese können sie in der WG direkt mit der Präsenzkraft besprechen.

Beim Zubereiten der Mahlzeiten und bei anderen alltäglichen Aufgaben des Haushalts werden die Bewohner der Demenz-WG des Bielefelder Hauspflegevereins soweit möglich mit einbezogen. „Ob Obst schneiden oder Wäsche falten – es geht auch darum, Alltagsfähigkeiten zu bewahren, zu fördern oder wieder neu zu erlernen", sagt Maike Horstbrink.

Auch die Angehörigen sind jederzeit willkommen: „Sie haben selbstverständlich einen Schlüssel zur Wohnung. Und wenn jemand zum Beispiel Lust hat, nachmittags vorbeizukommen und in der Küche einen Kuchen zu backen, haben wir natürlich nichts dagegen."

Ein Anbieter kümmert sich um alles

Mit dem Hauspflegeverein als Träger gehört die Pflege-WG in der Bielefelder Innenstadt zu den von Anbietern verantworteten Wohngemeinschaften. Die Anbieter – neben Pflegediensten zum Beispiel Kommunen, Bürgervereine oder Einzelpersonen – legen die grundsätzlichen organisatorischen Entscheidungen und Maßnahmen fest.

Konkret bedeutet das zum Beispiel: Der Hauspflegeverein hat die Gemeinschaftswohnung angemietet und vermietet die einzelnen Zimmer weiter. Zusätzlich stellt er die Präsenzkräfte, die eine Versorgung rund um die Uhr gewährleisten.

Mindestens eine Person ist immer vor Ort, tagsüber zwei oder sogar drei. Denn auch die individuellen Pflegeleistungen, die die Bewohner je nach Pflegegrad benötigen, übernehmen Mitarbeiter des Pflegedienstes. „Es kam aber schon vor, dass neue Bewohner zunächst bei dem ihnen vertrauten Dienstleister geblieben sind, sodass die Eingewöhnung für sie einfacher war", sagt Maike Horstbrink.

Die Ausgaben für die Pflege und die Betreuungsleistungen rechnet der Verein direkt mit der Pflegekasse ab. Den Bewohnern stehen neben den Pflegesachleistungen, die je nach Pflegegrad bemessen werden, zusätzlich 214 Euro Wohngruppenzuschlag pro Monat zu.

Allerdings reicht das Geld aus der Pflegekasse nicht für alle fälligen Posten aus. Um die Ausgaben für die Pflege und die Präsenzkraft zu decken, müssen die Bewohner der Bielefelder WG Zuzahlungen von knapp 1 800 Euro monatlich leisten. Dazu kommen die Zimmermiete sowie eine Pauschale für Verpflegung. Unter dem Strich fallen insgesamt eigene Ausgaben von etwa 2 400 bis 2 500 Euro im Monat an.

Manchmal eigene Organisation

Es ist aber kein Muss, dass hinter einer Wohngemeinschaft ein fester Anbieter steht. So geht etwa die Demenz-WG „Mühlenrad" in Bad Driburg einen anderen Weg: Diese selbstverantwortete WG wurde 2016 gegründet. „Wir haben alles selbst in die Hand genommen", erinnert sich Friederike Koch. Sie ist ehrenamtliche Sprecherin der WG, in der ihre Großmutter bis vor Kurzem gelebt hat. „Als damals Räume des evangelischen Johanneswerks frei wurden, in denen vorher eine Tagespflege untergebracht war, haben wir zugegriffen", erzählt Friederike Koch. Die Bewohner selbst oder ihre Angehörigen haben die Räume für sie gemietet.

In der untereinander geschlossenen Mietervereinbarung ist etwa geregelt, dass die Gemeinschaft darüber entscheidet, welcher Dienstleister die Präsenzkraft stellt, wie viel Geld monatlich für den Einkauf von Lebensmitteln eingezahlt werden muss und wer als neuer Mitbewohner einzieht. „Diese Form der WG bedeutet mehr Selbstbestimmung als bei einem festen Träger", sagt Koch. „Das heißt aber auch, dass mehr Engagement der Angehörigen nötig ist, damit das WG-Leben funktionieren kann." Ein wichtiger Aufgabenpunkt: Alle drei Monate trifft sich die Gemeinschaft, um sämtliche Fragen rund um den WG-Alltag zu klären.

Für eine selbstverantwortete WG wie die in Bad Driburg gelten andere gesetzliche Vorgaben als für eine anbieterverantwortete Gemeinschaft. Die selbstverantwortete WG ist nur an das Bürgerliche Gesetzbuch (BGB) gebunden. Die anbieterverantworteten Gemeinschaften unterliegen zusätzlich den Regelungen des jeweiligen Bundeslandes und müssen sich zum Beispiel nach den Vorgaben zu Zimmergröße und -ausstattung sowie Personalanforderungen richten. All das wird von der Heimaufsicht überprüft.

Der Bedarf ist vorhanden

„Die Pflege-WG war für uns damals der passende Zwischenschritt", sagt Friederike Koch. „Allein zu Hause bleiben konnte meine Großmutter nicht mehr, aber ins Heim wollten wir sie auch nicht geben."

Den Bedarf an solchen Wohnalternativen kennt auch Maike Horstbrink vom Hauspflegeverein in Bielefeld. „Auch deshalb eröffnen wir in Kürze eine weitere WG."

Ein Pflegeheim finden

Wird mehr Pflege nötig, die Angehörige zu Hause nicht mehr leisten können, ist ein Umzug ins Heim die bessere Lösung.

Für Brigitte März endet das Leben, das sie kennt und liebt, im Mai 2014. Da erleidet ihr Ehemann einen schweren Herzinfarkt. Er wird schwerstpflegebedürftig und bekommt die damals höchstmögliche Pflegestufe 3, die heute Pflegegrad 5 entspricht.

Fast drei Jahre lang pflegt sie ihren Mann, reduziert dafür ihre Arbeitszeit und hat trotzdem keinen Moment Ruhe für sich. Lange sträubt sie sich, ihren Mann ins Pflegeheim zu geben. Bis es nicht mehr geht. Sie ist am Ende ihrer Kräfte. Auch wenn es sich Brigitte März nicht leicht macht: Die Entscheidung ist längst überfällig. Im Juli 2017 zieht der Ehemann in eine Pflegeeinrichtung.

Wenn es zu Hause nicht mehr geht

Nicht immer ist die häusliche Versorgung auf lange Sicht besser als die Pflege in einer stationären Einrichtung. Reichen pflegende Angehörige und ambulante Hilfen wie Pflegedienst oder Essen auf Rädern nicht mehr aus, ist es an der Zeit, darüber nachzudenken, ob ein Leben im Heim nicht die beste Lösung ist. Heute sagt Brigitte März: „Anfangs habe ich gezweifelt. Aber es geht ihm gut im Pflegeheim. Die Angebote tun ihm gut. Für uns beide ist es besser, wenn er dort lebt und ich ihn drei- bis viermal pro Woche besuchen kann. Wir sind dadurch beide ruhiger geworden."

Das überrascht nicht. In guten Pflegeeinrichtungen gibt es geregelte Tagesabläufe, bekommen die Pflegebedürftigen Betreuung rund um die Uhr. Sie werden mit allem Notwendigen versorgt und können jederzeit um Hilfe bitten. Im Ernstfall wissen die Pflegefachkräfte sofort, was zu tun ist.

Wer möchte und körperlich dazu in der Lage ist, kann beispielsweise auch Veranstaltungen besuchen, die im Heim stattfinden, oder gemeinsam mit anderen Bewohnern essen, Ausflüge machen oder an Sportangeboten teilnehmen. Auch Gaby Engel, Krankenschwester bei einem ambulanten Pflegedienst und im Pflegeheim, weiß: „Für kontaktfreudige Menschen kann der Umzug ins Pflegeheim viel Gutes bewirken. Sie lernen neue Leute kennen und können wieder mehr am Leben teilhaben."

Die Suche braucht Zeit

Wer sich dafür entscheidet und sich gemeinsam mit der Familie auf die Suche nach einer geeigneten Einrichtung macht, sollte sich gut informieren – und sich dafür ausreichend Zeit nehmen. Muss schnell etwas gefunden werden, weil der Pflegebedürftige sofort eine vollstationäre Versorgung braucht, ist er vorübergehend besser in einer Kurzzeitpflege aufgehoben (siehe „Kurzzeitpflege", S. 38). Währenddessen können Angehörige in Ruhe suchen.

Zunächst sollte geklärt werden, wo der Pflegebedürftige in Zukunft leben möchte. Bevorzugt er ein Heim, das in seiner jetzigen Wohnumgebung liegt, oder möchte er zum Beispiel in die Nähe von weiter entfernt lebenden Angehörigen ziehen? Soll die Einrichtung in der Stadt oder eher ländlich gelegen sein?

Sind diese Fragen beantwortet, stehen für die Vorauswahl mehrere Datenbanken im Internet zur Verfügung, wie beispielsweise

Pflegelotse.de, Heimverzeichnis.de sowie Der-pflegekompass.de. Mithilfe der Postleitzahl lassen sich stationäre Angebote in der gewünschten Region ermitteln und die jeweiligen Kontaktdaten und Preise auflisten. Außerdem können Pflegeheime anhand von Pflegeschwerpunkten gefiltert werden, zum Beispiel eine Spezialisierung auf Demenz.

Finanzielle Belastung im Blick

Um gut planen zu können, müssen Familien die Zusammensetzung der Kosten in Pflegeheimen verstehen lernen: Sie bestehen aus verschiedenen Teilen. Da sind zum einen die Kosten für Pflege und Betreuung des Pflegebedürftigen. Nur an diesen beteiligt sich die Pflegekasse, sofern der Versicherte den Pflegegrad 2 oder höher hat. Die pauschalen Zuschüsse, gestaffelt nach Höhe des Pflegegrades, reichen aber in aller Regel nicht aus, um die Pflegekosten zu decken. Die Bewohner müssen den fehlenden Betrag selbst bezahlen. Er wird „einrichtungseinheitlicher Eigenanteil" genannt und für jedes Heim gesondert festgelegt. Daneben müssen die Bewohner Unterkunft, Verpflegung, Investitionskosten und eventuell eine Ausbildungsumlage ebenfalls aus eigener Tasche bezahlen. Diese Kosten machen im Schnitt 1 200 Euro im Monat aus.

„Alles zusammen ist eine immense finanzielle Belastung und die Schattenseite der vollstationären Pflege", schildert Brigitte März. „Der monatliche Eigenanteil fürs Pflegeheim frisst mehr als zwei Drittel der Pension meines Mannes auf. Das sind 2 100 Euro." Reichen die eigenen finanziellen Mittel nicht, springt unter bestimmten Voraussetzungen das Sozialamt ein (siehe „Hilfe vom Staat", S. 51), oder enge Angehörige müssen aufkommen (siehe „Elternunterhalt", S. 46).

UNSER RAT

Mit Plan suchen

Vorbereitung. Vor Beginn der Suche nach einem Pflegeheim sollten Sie überlegen, was Ihnen wichtig ist, etwa Nähe zum Wohnort oder wie hoch die Kosten sein dürfen. Verschaffen Sie sich einen Überblick über Ihre finanziellen Mittel.

Datenbank. Suchen Sie im Internet nach Einrichtungen in der gewünschten Region. Portale wie Pflegelotse.de und Heimverzeichnis.de bieten Datenbanken an. Mehr Informationen finden Sie auf den Internetseiten der Pflegeheime, oder bitten Sie sie, Ihnen Prospekte zuzusenden.

Besichtigung. Besuchen Sie die ausgewählten Heime. Probieren Sie das Essen und sprechen Sie mit Bewohnern und Personal.

Kein Verlass auf Pflegenoten

Neben den Kontaktdaten und Preisen der Einrichtungen werden Noten in den Datenbanken veröffentlicht. Sie werden vom Medizinischen Dienst der Krankenkassen (MDK) vergeben, der seit 2009 alle Pflegeheime und Pflegedienste prüft. Die Pflegenoten stehen jedoch massiv in der Kritik. Sie bewerten vor allem die Pflegedokumentation, zu der Pflegedienste verpflichtet sind, nicht aber die praktische Pflege selbst. Zu viele Einrichtungen schnitten dadurch sehr gut ab. Das sei wenig aussagekräftig und sogar irreführend, so die Kritik. Nun soll das Bewertungssystem im Herbst 2019 umgestellt werden. Die Hoffnung ist, dass sich Pflegebedürftige und Angehörige in Zukunft eher auf die Pflegenoten verlassen können. **Wichtig:** Pflegebedürftige und Angehörige sollten die ausgewählten Pflegeheime unbedingt besichtigen. Das geht auch unangemeldet. Vor Ort können sie mit der Heimleitung, dem Pflegepersonal und Bewohnern sprechen. Entscheidend sind nicht nur die Lage und die Ausstattung des Pflegeheims, sondern auch die Qualifikation des Pflegepersonals und sein Umgang mit den Bewohnern. Eindrücke davon bekommen Interessierte am besten im persönlichen Gespräch. Darüber hinaus kann unsere Checkliste „Pflegeheim finden" helfen, sich ein Urteil zu bilden. Sie kann bei der Besichtigung Punkt für Punkt abgearbeitet werden (siehe im Formularteil ab S. 113).

Sogar ein Probewohnen ist möglich. Zwei Wochen lang dürfen Pflegebedürftige ausprobieren, ob sie sich im Heim wohlfühlen. In einigen Fällen lassen Pflegeeinrichtungen auch ein längeres Probewohnen zu.

Den Heimvertrag prüfen

Bewohner und Betreiber regeln ihre Rechte und Pflichten per Vertrag. Vor unzulässigen Klauseln schützt ein Gesetz.

Ist ein Umzug ins Pflegeheim nötig, müssen Pflegebedürftiger und Angehörige zunächst ein passendes neues Zuhause finden. Dann schließen der zukünftige Bewohner – oder sein Bevollmächtigter – und der Betreiber der Einrichtung einen schriftlichen Vertrag. Er ist die rechtliche Grundlage für den Aufenthalt in der Einrichtung. Der Heimträger überlässt dem Pflegebedürftigen Wohnraum und sorgt für seine Pflege und Betreuung. Dafür zahlt dieser ein vereinbartes Heimentgelt.

Vieles, was in einem solchen Vertrag vereinbart wird, regelt das Wohn- und Betreuungsvertragsgesetz, kurz WBVG. Es enthält verbraucherfreundliche Vorschriften für alle Mietverträge, die im Zusammenhang mit Pflege- oder Betreuungsleistungen stehen. Das hat zur Folge, dass Klauseln im Vertrag, die zum Nachteil des zukünftigen Bewohners von den Regelungen des WBVG abweichen, unwirksam sind. Außerdem macht das Gesetz klare Vorgaben, was unbedingt im Heimvertrag stehen muss.

Schon vorab gibt es Details

Das WBVG hilft Pflegebedürftigen bereits, bevor sie einen Vertrag unterschreiben. Betreiber von Heim- und Pflegeeinrichtungen sind demnach verpflichtet, ihre Interessenten frühzeitig und verständlich über ihr Angebot zu informieren. Sie müssen klar sagen, was sie an Pflege und Betreuung zu bieten haben, und das Konzept ihrer Einrichtung erläutern. Diese sogenannten vorvertraglichen Informationen müssen schriftlich sein und rechtzeitig vor Vertragsabschluss ausgehändigt werden. So soll sichergestellt werden, dass Interessenten genug Zeit haben, um die Informationen zu lesen, mehrere Pflegeheime zu vergleichen und sich – auch mit Dritten – zu beraten.

Die Unterlagen des Pflegeheims müssen:

- Angaben über Lage und Ausstattung der Einrichtung und den angebotenen Wohnraum enthalten,

- über Kosten informieren, und zwar aufgeschlüsselt nach Wohnraum, Verpflegung und Pflege- und Betreuungsleistungen. Außerdem müssen Investitions- und mögliche Ausbildungskosten angegeben sein,
- die Ergebnisse – Gesamtnoten und ihre Unternoten – aus den Qualitätsprüfungen durch den Medizinischen Dienst der Krankenversicherung (MDK) umfassen (siehe „Pflegenoten", S. 101).

An ihre vorvertraglichen Versprechen sind Betreiber auch beim Vertragsschluss gebunden. Der Vertrag muss die einzelnen Leistungen des Unternehmers enthalten und Kosten für den Bewohner aufschlüsseln. Der Anbieter muss im Vertrag ferner sagen, inwieweit er bereit oder verpflichtet ist, an Streitbeilegungsverfahren vor einer Verbraucherschlichtungsstelle teilzunehmen.

Vertrag checken lassen

Ganz wichtig: Nur wenn der Anbieter im Vertrag deutlich schreibt, dass eine Vertragsregelung von den bisherigen Informationen abweicht, und dies zum Beispiel durch Fettdruck oder Unterstreichungen hervorhebt, gilt sie auch. Ansonsten ist es nicht zulässig, dass Zusagen und tatsächliche Vertragsbedingungen voneinander abweichen.

Trotz dieser gesetzlichen Sicherung sollten zukünftige Heimbewohner und Angehörige den Vertrag gründlich lesen und mit allen Vorabinformationen vergleichen. Ansonsten laufen sie Gefahr, eine Vereinbarung zu unterschreiben, die nicht mehr ihren Vorstellungen entspricht. Professionelle Hilfe bei der Prüfung des Heimvertrags bietet etwa die Bundesinteressenvertretung für alte und pflegebetroffene Menschen (siehe Kasten „Auf der sicheren Seite").

UNSER RAT

Auf der sicheren Seite

Informationen einholen. Betreiber von Pflegeheimen müssen vor dem Vertragsabschluss über ihr Angebot informieren. Bestehen Sie auf diesen Informationen und vergleichen Sie sie mit dem Vertrag, den der Betreiber Ihnen anschließend vorlegt.

Vertrag prüfen. Lesen Sie alle Vertragsunterlagen vollständig und gründlich. Unterzeichnen Sie einen Heimvertrag nie ungelesen, auch nicht im Notfall. Lassen Sie sich Klauseln erklären und verlangen Sie Einblick in Gesetze, die zugrunde liegen. Lesen Sie Vertragsanhänge: Sie können sich auf Leistungen beziehen, die extra kosten.

Beraten lassen. Lassen Sie sich beraten, wenn Fragen offen bleiben. Eine juristische Prüfung von Heimverträgen bietet zum Beispiel die Bundesinteressenvertretung für alte und pflegebetroffene Menschen (BIVA) an. Der Vertragscheck kostet 60 Euro (im Internet: Biva.de).

Einverständnis nötig. Spätere Vertragsänderungen sind nur bei beiderseitigem Einverständnis möglich. Unzulässige Klauseln sind generell unwirksam.

Kosten prüfen. Entgelterhöhungen müssen Ihnen schriftlich mitgeteilt werden, begründet, korrekt berechnet und angemessen sein. Wer sie nicht zahlen will, kann den Vertrag kündigen.

Preiserhöhung nicht einseitig

Gründlich prüfen sollten der künftige Heimbewohner und seine Angehörigen alle Klauseln zu Kosten. Preiserhöhungen sind nur zulässig, wenn sich Berechnungsgrundlagen ändern und der Anbieter darüber schriftlich informiert und die Notwendigkeit begründet. Ein Recht zur einseitigen Preiserhöhung steht Anbietern nicht zu. Anderslautende Vertragsklauseln sind unwirksam.

Der Betreiber muss eine Anpassung des Vertrags anbieten für den Fall, dass der Bewohner später mehr oder andere Pflege und Betreuung braucht. Einzige Ausnahme: Der Bewohner hat sich bei Vertragsschluss schriftlich damit einverstanden erklärt, dass der Anbieter bestimmte Leistungen nicht erbringen wird. Solche Vereinbarungen können in Ausnahmefällen zulässig sein.

Kündigungsklauseln

Das WBVG sieht vor, dass ein Heimvertrag auf unbestimmte Zeit geschlossen wird. Eine Befristung ist nur möglich, wenn sie dem Interesse des Verbrauchers nicht widerspricht. Das ist zum Beispiel der Fall, wenn jemand nur vorübergehend im Heim lebt, weil das häusliche Umfeld noch pflegegerecht umgestaltet werden muss.

Unbefristete Heimverträge können Bewohner bis zum dritten Werktag des laufenden Monats kündigen, der Vertrag endet dann zum Monatsende. Das gilt nicht in den ersten zwei Wochen nach Vertragsschluss. In dieser Zeit kann der Bewohner jederzeit fristlos kündigen. Darüber hinaus kann er fristlos aus wichtigem Grund kündigen, etwa bei mangelhafter Pflege oder anderen Verfehlungen des Personals, die das Vertrauen des Pflegebedürftigen zur Einrichtung nachhaltig zerstören. Auch bei Preiserhöhungen hat der Bewohner ein Kündigungsrecht. Stirbt der Bewohner, endet sein Vertrag sofort. Anderslautende Klauseln sind unzulässig.

Der Betreiber darf nur ausnahmsweise kündigen, etwa wenn er seinen Betrieb einstellt oder der Heimbewohner über zwei aufeinanderfolgende Monate hinweg das Entgelt nicht vollständig zahlt und dabei durchgehend ein Betrag offen bleibt, der das pro Monat zu zahlende Entgelt übersteigt.

Versorgt im Pflegeheim

Heimbewohner werden im Idealfall rund um die Uhr betreut. Läuft etwas nicht gut, sollten sie es ansprechen.

Menschen, denen das Leben in ihrer eigenen Wohnung zu unsicher und beschwerlich geworden ist, kann ein Umzug in ein Pflegeheim Erleichterung bringen. Sie sind von der täglichen Sorge befreit, wie sie allein zurechtkommen sollen und wer ihnen hilft. Medizinische Betreuung und pflegerische Versorgung sind Tag und Nacht gewährleistet. Moderne, gut ausgestattete Heime bieten darüber hinaus Kontaktmöglichkeiten und Freizeitangebote und können Menschen so aus einer vielleicht isolierten Situation heraushelfen und sie wieder aktivieren.

Auch wenn der Umzug in ein Heim oft nicht freiwillig geschieht, sondern weil es zu Hause nicht mehr geht: Versuchen Sie, das

Beste daraus zu machen. Wer das Heim von vornherein strikt ablehnt, den Blick fest auf negative Seiten richtet, wird es schwer haben, sich dort einzugewöhnen und die Vorteile des umsorgten Lebens zu sehen.

Im Heim mitbestimmen

Oft haben Pflegebedürftige, für die ein Umzug in eine Pflegeeinrichtung unvermeidbar ist, das Gefühl, ausgeliefert und abhängig zu sein. Sie empfinden, dass sie nicht mehr selbst über ihr Leben bestimmen können, alles über sich ergehen lassen müssen, weil andere – Pflegekräfte, Ärzte, Angehörige – es so wollen. Nicht selbst bestimmen zu können bedeutet für viele, rechtlos zu sein.

Doch das Wohn- und Betreuungsvertragsgesetz gibt Heimbewohnern viele Mitspracherechte. Sie können sie in einem Gremium bündeln: dem Bewohnerbeirat. Er ist Interessenvertretung der Bewohner und ihr Bindeglied zur Heimleitung. Die Beiratsmitglieder werden in regelmäßigen Abständen gewählt. Neben Bewohnern können zum Beispiel auch Angehörige oder andere Vertrauenspersonen Mitglied sein, etwa Vertreter von Seniorenorganisationen. Außerdem kann der Beirat auch Fachleute hinzuziehen, beispielsweise Rechtsanwälte.

Der Bewohnerbeirat ist bei allen Entscheidungen einzubeziehen, bei denen ein Mitwirkungsrecht besteht. Einrichtungsträger und -leitung sind dann verpflichtet, den Beirat anzuhören. Der Beirat macht zum Beispiel Verbesserungsvorschläge, was die pflegerische Versorgung, das Essen oder die Freizeitgestaltung anbelangt.

Der Beirat kann auch Veranstaltungen organisieren, an Umgestaltungen mitwirken und ist zu Änderungen der Musterverträge für Bewohner und der Entgelte anzuhören. Er muss Beschwerden und Anregungen von Bewohnern entgegennehmen und mit der Heimleitung darüber verhandeln.

Das Mitwirkungsrecht des Beirats bewegt sich in der Regel zwischen Informations- und Anhörungsrecht und echter Mitbestimmung. In der Praxis hängt es auch vom Wohlwollen und von der Kooperationsbereitschaft der Heimleitung ab, wie viel Mitgestaltung sie dem Beirat zugesteht – und vom Engagement der Beiratsmitglieder, wie sie ihre Möglichkeiten nutzen.

Finden sich in einem Heim keine aktiven Bewohner, die ein solches Amt ausüben möchten oder können, wird meist von der Heimaufsichtsbehörde ein externer Heimfürsprecher berufen. Es kann aber auch ein Ersatzgremium, zum Beispiel durch Angehörige und Betreuer, gebildet werden.

Allein unter vielen

Wer ins Heim zieht, tut sich – nach oft jahrelangem Leben allein oder in der vertrauten Nähe des Partners oder der Familie – anfangs vielleicht schwer damit, relativ eng mit vielen anderen und zunächst fremden Menschen zusammenzuleben. Die Alltags- und Freizeitaktivitäten im Heim bieten zwar Gelegenheiten, Kontakte zu knüpfen und mit der Zeit vielleicht sogar neue Freundschaften aufzubauen. Doch nicht immer gelingt es, persönliche Beziehungen zu anderen Heimbewohnern herzustellen. Auch unter vielen Menschen ist man vor Einsamkeitsgefühlen nicht unbedingt gefeit.

Besuche von Verwandten, Freunden und Bekannten bleiben besonders wichtig. Sie sind die Verbindung zum Leben außerhalb der ganz eigenen Welt des Heims und zum normalen Alltag. Gespräche mit und Zuwendung von vertrauten Menschen sind niemals zu ersetzen, auch nicht durch eine noch so gute professionelle Betreuung.

Engagement als Angehöriger

Das Pflegeheim nimmt den Angehörigen die Versorgung ihrer hilfebedürftigen Nächsten ab. Das setzt Kräfte und Zeit frei, die für Besuche genutzt werden können. Pflegebedürftige im Heim, die immer seltener Besuch bekommen, werden sich zu Recht abgeschoben fühlen. Jeder, der Verwandte oder Freunde hat, die in einem Pflegeheim leben, sollte deshalb möglichst häufig bei ihnen vorbeischauen, sie vielleicht auch zu sich nach Hause einladen oder mit ihnen etwas außerhalb des Heimes unternehmen.

Angehörige sollten versuchen, ihre Besuche im Heim aktiv zu gestalten, also nicht nur passiv „abzusitzen" – es sei denn, der Pflegebedürftige zieht es ausdrücklich vor, in Ruhe zusammen zu sein und vielleicht einfach zu schweigen.

Abgesehen von Gesprächen, gemeinsamen Spaziergängen, Spielen und Besuchen im Café können Angehörige sich vielleicht an der Pflege beteiligen, zum Beispiel beim Essen helfen oder gemeinsam mit dem Pflegebedürftigen Bewegungsübungen machen. Am besten führen sie vorher ein Gespräch mit den Pflegekräften darüber, was sie tun können, um auch sie zu entlasten.

Den richtigen Ton treffen

Das Verhältnis zwischen Angehörigen und Pflegekräften im Heim ist nicht immer spannungsfrei. Manchmal bestehen gegenseitige Vorurteile. Die Angehörigen kennen den Arbeitsalltag im Pflegeheim nicht, die Pflegekräfte nicht die Situation der Angehörigen.

Berechtigte Kritik anzunehmen, Missverständnisse offen miteinander zu klären und gegenseitiges Verständnis aufzubringen fällt dann schwer. Im Interesse des Pflegebedürftigen ist es jedoch wichtig, dass sich beide Seiten um ein gutes Verhältnis zueinander bemühen.

Wichtig: Angehörige sollten vorschnelle Urteile vermeiden und bei Problemen freundlich und sachlich nachfragen, Ruhe bewahren und Anteilnahme gegenüber der Situation und den vielfachen Belastungen der Pflegenden zeigen. Gleichzeitig sollten sie Konflikten nicht aus dem Weg gehen und diese in Gesprächen mit den Pflegekräften klären. Dritte wie die Heimleitung sollten aber erst einbezogen werden, wenn keine Einigung mit den Pflegekräften direkt gelingt. Spüren Angehörige, dass Pflegende ihnen mit Vorbehalten begegnen, sollten sie auch ihr eigenes Verhalten selbstkritisch prüfen.

Manche Heime tun von sich aus etwas für eine gute Zusammenarbeit und Verständigung mit Angehörigen der Heimbewohner: Sie bieten zum Beispiel regelmäßig Angehörigenabende an, an denen auch Probleme angesprochen werden können und gemeinsam nach Lösungen gesucht wird.

Bei Mängeln Heimentgelt kürzen

Bleiben Probleme oder Mängel bei der Pflege trotz Beschwerden der Heimbewohner und der Angehörigen sowie Gesprächen mit der Personal- und Heimleitung bestehen, haben Bewohner das Recht, ihre Entgelte zu mindern. Angehörige sollten sich vor einem solchen Schritt zunächst beraten lassen, etwa von der Bundesinteressenvertretung für alte und pflegebetroffene Menschen e. V. (BIVA, im Internet: Biva.de). Außerdem sollten sie sich an die Pflegekasse des Bewohners wenden. Damit den Mängeln auch nachgegangen wird, empfiehlt es sich, wenn Angehörige den Medizinischen Dienst der Krankenkassen (MDK) einschalten.

Service

Fachbegriffe erklärt

Aktivierende Pflege Die aktivierende Pflege ist eine Form der ambulanten und stationären Pflege. Pflegekräfte unterstützen den Pflegebedürftigen dabei, noch vorhandene Fähigkeiten zu nutzen und verlorene wiederzuerlangen. Dabei leiten sie ihn an und motivieren ihn, alltägliche Tätigkeiten so selbstständig wie möglich durchzuführen.

Behandlungspflege Kommt bei Krankheit oder nach Unfall ein Pflegedienst beispielsweise zum Verbandswechsel oder zur Spritzengabe, zahlt dies die gesetzliche Krankenkasse, wenn ein Arzt eine Verordnung ausstellt.

Betreutes Wohnen Eine Anlage für Betreutes Wohnen kombiniert Unterkunft und Serviceleistungen. Sie eignet sich für Senioren, die noch weitgehend selbstständig sind, sich aber etwas mehr Sicherheit und Unterstützung als in ihrem bisherigen Zuhause wünschen.

Betreuungsverfügung Diese Verfügung tritt in Kraft, wenn man selbst nicht mehr in der Lage ist, seine Angelegenheiten zu erledigen. Sie kann Teil einer Vorsorgevollmacht sein, aber auch allein gelten. Gibt es niemanden, den man bevollmächtigen möchte, wird für das Betreuungsgericht festgehalten, aus welchem Umfeld der Betreuer kommen soll – etwa der Kirchengemeinde. Ein vom Gericht bestellter Betreuer muss Rechenschaft ablegen. Im Zentralen Vorsorgeregister der Bundesnotarkammer werden gegen eine Gebühr Vorsorgevollmacht und Betreuungsverfügung unter vorsorgeregister.de registriert.

Entlastungsbetrag Hat der Pflegebedürftige mindestens Pflegegrad 1, gewährt die Pflegeversicherung den sogenannten Entlastungsbetrag von monatlich maximal 125 Euro. Er wird nicht ausgezahlt; die Pflegekasse erstattet nur angefallene Kosten bis zu dieser Höhe. Damit lassen sich zum Beispiel niedrigschwellige Betreuungs- und Entlastungsleistungen finanzieren.

Familienpflegezeit Für die Pflege naher Angehöriger kann ein Arbeitnehmer für 24 Monate auf Teilzeit wechseln – wenn der Angehörige mindestens Pflegegrad 1 hat. Das geht aber nur in Unternehmen mit mehr als 25 Mitarbeitern. Arbeitnehmer dürfen nicht auf weniger als 15 Wochenstunden reduzieren.

Grundpflege Hilfe bei den Grundbedürfnissen des Pflegebedürftigen, beispielsweise bei der Körperpflege und beim Toilettengang.

Haushaltshilfe Wenn alte Menschen nur vorübergehend Hilfe im Haushalt benötigen, können sie je nach Krankenkasse die Ausgaben für eine Haushaltshilfe erstattet bekommen. Zwar müssen die gesetzlichen Krankenkassen für Hilfe im Haushalt nur zahlen, wenn ein höchstens zwölf Jahre altes Kind zum Haushalt gehört. Doch es gibt Kassen, die die Kosten zum Beispiel nach ambulanter Operation oder bei akuter Erkrankung auch übernehmen, wenn kein Kind zum Haushalt gehört. Voraussetzung ist, dass ein Arzt den Bedarf bestätigt und niemand sonst die Aufgaben im Haushalt übernehmen kann.

Hausnotruf Telefonzusatzgerät, das einen Hilferuf an eine Notrufzentrale weiterleitet. Den Löwenanteil der Kosten trägt die Pflegekasse ab Pflegegrad 1.

Heimvertrag Der Heimvertrag regelt die rechtliche Beziehung zwischen einem Heimbewohner und einem Heimträger. Er muss den Vorschriften des Wohn- und Betreuungsvertragsgesetzes (WBVG) genügen. Das Gesetz macht verbraucherfreundliche Vorgaben, wenn Mietverträge geschlossen werden, die im Zusammenhang mit Pflege- oder Betreuungsleistungen stehen.

Hilfe zur Pflege Sozialleistung zur Unterstützung pflegebedürftiger Personen, die den notwendigen Pflegeaufwand nicht aus eigenen Mitteln sicherstellen können.

Kurzzeitpflege Sie ermöglicht eine stationäre Versorgung, wenn die Pflege zu Hause zeitweise nicht möglich ist, weil eine Krisensituation besteht, etwa wenn die Wohnung erst noch pflegegerecht umgebaut werden muss. Kurzzeitpflege kann für bis zu acht Wochen im Kalenderjahr genutzt werden. Die Pflegekasse übernimmt bis zu einem Gesamtbetrag von 1612 Euro alle Pflegekosten. Unterkunft und Verpflegung müssen selbst bezahlt werden.

Medizinischer Dienst der Krankenversicherung (MDK) Er erstellt das Gutachten über die Pflegebedürftigkeit, das er an die Pflegekasse des Versicherten weiterleitet. In der Regel richtet sich diese nach den Empfehlungen des MDK und legt einen Pflegegrad fest oder lehnt den Antrag auf Pflegeleistungen ab. Bei Privatversicherten wird das Gutachten von dem Unternehmen Medicproof erstellt.

Patientenverfügung Sie ist für den behandelnden Arzt bestimmt. Hier kann der Patient seinen Willen hinsichtlich Pflege und ärztlicher Behandlung äußern. Er legt etwa fest, unter welchen Bedingungen er keine weiteren lebenserhaltenden Maßnahmen möchte.

Pflegeantrag Der Versicherte muss bei seiner Pflegekasse, die der Krankenkasse angeschlossen ist, formlos Pflegeleistungen beantragen. Die Kasse schickt ihm dann ein Formular zu, das er ausfüllen muss.

Pflegedienst, ambulanter Er bietet professionelle Hilfe und Pflege beim Pflegebedürftigen zu Hause, unterstützt beispielsweise bei der Grundpflege und hauswirtschaftlichen Versorgung. Außerdem übernimmt er Leistungen der Behandlungspflege.

Pflegegeld Dies ist eine Leistung der gesetzlichen Pflegeversicherung. Pflegegeld gibt es monatlich für Angehörige oder andere Personen, die dem Pflegebedürftigen nahestehen und die Pflege ehrenamtlich übernehmen. Monatlich sind es derzeit (2019) bis zu 316 Euro bei Pflegegrad 2, 545 Euro bei Pflegegrad 3, 728 Euro bei Pflegegrad 4, bis zu 901 Euro in Pflegegrad 5.

Pflegegrad Um finanzielle Unterstützung von der Pflegekasse zu erhalten, muss ein Mensch als pflegebedürftig gelten. Wie pflegebedürftig er ist, hängt davon ab, wie selbstständig er sein Leben führen kann und bei welchen Tätigkeiten er Hilfe braucht. Danach richtet sich die Einstufung in einen von fünf Pflegegraden. Je weniger selbstständig jemand ist, desto höher ist sein Pflegegrad. Je höher der Pflegegrad ist, desto mehr Geld gibt es von der Pflegekasse.

Pflegeheim Einrichtung, in der alte Menschen stationär gepflegt und betreut werden. Unterkunft und Verpflegung im Pflegeheim müssen die Bewohner immer aus der eigenen Tasche bezahlen. Nur die Kosten für die Pflege und die Betreuung trägt die Pflegeversicherung bis zu einer Höhe von derzeit (2019) 689 Euro bei Pflegegrad 2, 1298 Euro bei Pflegegrad 3, 1612 Euro bei Pflegegrad 4, bis zu 1995 Euro in Pflegegrad 5.

Pflegehilfsmittel Das sind Geräte und Gegenstände, die die häusliche Pflege erleichtern und ein selbstständiges Leben ermöglichen. Für Verbrauchsartikel wie Einmalhandschuhe oder Betteinlagen erstattet die Kasse bis zu 40 Euro im Monat. Bewilligt die Pflegekasse ein technisches Pflegehilfsmittel, muss sich der Pflegebedürftige daran mit bis zu 25 Euro beteiligen.

Pflegepauschbetrag Pflegende Familienangehörige, die ihre Ausgaben für die Pflege in ihrer Steuererklärung nicht einzeln nachweisen wollen, können beim Finanzamt den Pflegepauschbetrag von 924 Euro geltend machen. Abgegolten werden damit zum Beispiel Ausgaben für Fahrten zur Wohnung des Gepflegten, Wäsche- und Reinigungskosten sowie Telefonkosten. Bedingung ist, dass sie ihre Angehörigen persönlich und unentgeltlich pflegen.

Pflegesachleistungen Der Pflegebedürftige entscheidet selbst, ob er Pflegegeld für seine Ausgaben ausgezahlt haben möchte. Er kann auch festlegen, dass die Pflegekasse Leistungen eines professionellen Pflegedienstes bezahlen soll. Das heißt dann Pflegesachleistung. Die Kasse gibt dafür mehr aus als für das Pflegegeld im jeweiligen Grad. Monatlich sind es derzeit (2019) bis zu 689 Euro bei Pflegegrad 2, 1298 Euro bei Pflegegrad 3, 1612 Euro bei Pflegegrad 4, bis zu 1995 Euro in Pflegegrad 5.

Pflegestützpunkt Diese Beratungsstelle gibt Auskünfte rund um die Themen Pflege sowie Hilfs- und Unterstützungsangebote. Die Adressen der Pflegestützpunkte gibt es bei der Pflegekasse.

Pflegeunterstützungsgeld Die Pflegekassen zahlen auf Antrag ein Pflegeunterstützungsgeld an Arbeitnehmer, die vorübergehend ihren Job unterbrechen, um nahe Angehörige in häuslicher Umgebung zu pflegen. Es beträgt derzeit (2019) maximal 105,88 Euro pro Tag und deckt in der Regel einen Großteil des Lohnausfalls ab.

Pflege-Wohngemeinschaft In einer Pflege-Wohngemeinschaft (WG) leben ältere Pflegebedürftige zusammen. Betreuer sind rund um die Uhr für sie da. Die pflegerischen Tätigkeiten werden von einem ambulanten Pflegedienst geleistet. Für die Pflege-, Betreuungs- und hauswirtschaftlichen Leistungen können die Bewohner die Pflegesachleistungen der Pflegeversicherung in Anspruch nehmen. Bisher gibt es vor allem Pflege-WGs für Demenzkranke. Meist werden sie von ambulanten Pflegediensten, Wohlfahrtsverbänden oder Vereinen initiiert.

Pflegezeit Für akut auftretende Pflegesituationen können Arbeitnehmer von heute auf morgen bis zu zehn Tage zu Hause bleiben. Eine zweite Variante der Pflegezeit dauert längstens sechs Monate. Nur Mitarbeiter in Unternehmen mit mehr als 15 Mitarbeitern können sie nutzen.

Seniorenresidenz Die Residenzen, die häufig auch Namen wie Wohn- oder Seniorenstift tragen, sind eine luxuriöse Form des Betreuten Wohnens. Oft gehören ein hauseigenes Schwimmbad und eine Sauna genauso zum Standard wie eine Bibliothek, ein Lese- und ein Konzertraum.

Tages- oder Nachtpflege Menschen, die sich nicht mehr vollständig selbst versorgen können, werden tagsüber in einer Tagespflegeeinrichtung betreut. Die Nacht verbringen sie zu Hause. Nachtpflege ist ebenfalls möglich; die Pflegebedürftigen verbringen in diesem Fall den Tag in ihrer häuslichen Umgebung und sind nachts stationär in einer Einrichtung untergebracht. Die Pflegekasse zahlt je nach Pflegegrad bis zu einem bestimmten Betrag die Pflegekosten. Unterkunft und Verpflegung müssen selbst bezahlt werden.

Verhinderungspflege Sie ermöglicht eine ambulante oder teilstationäre Versorgung. Das kann nötig sein, wenn die Pflege zu Hause zeitweise nicht möglich ist, weil die Pflegeperson krank oder im Urlaub ist, aber auch, wenn sie zum Beispiel zu einem Arzttermin muss. Ersatzpflege kann für sechs Wochen im Kalenderjahr genutzt werden. Die Pflegekasse zahlt bis zu einem Gesamtbetrag von 1612 Euro die Pflegekosten. Geht der Pflegebedürftige während der Verhinderungspflege in eine stationäre Einrichtung, müssen Unterkunft und Verpflegung selbst bezahlt werden.

Vorsorgevollmacht Damit beauftragt der Vollmachtgeber eine vertraute Person als Vertreter für den Fall, dass er selbst nicht mehr entscheiden kann. Er kann auch mehreren Personen eine Vollmacht erteilen. Diese entscheiden dann entweder gemeinsam oder einzeln jeweils für bestimmte Lebensbereiche, wie Vermögens- oder Gesundheitssorge.

Wohnungsanpassung Wenn für die Pflege zu Hause zum Beispiel Stufen abgeflacht werden müssen oder eine ebenerdige Dusche eingebaut werden muss, zahlt die Pflegekasse Zuschüsse. Neben den Zuschüssen der Pflegekasse gibt es weitere Förderungen und günstige Kredite, etwa von der Kreditanstalt für Wiederaufbau (KfW).

Register

Die Stiftung Warentest wurde 1964 auf Beschluss des Deutschen Bundestages gegründet, um dem Verbraucher durch vergleichende Tests von Waren und Dienstleistungen eine unabhängige und objektive Unterstützung zu bieten.

Wir kaufen – anonym im Handel, nehmen Dienstleistungen verdeckt in Anspruch.

Wir testen – mit wissenschaftlichen Methoden in unabhängigen Instituten nach unseren Vorgaben.

Wir bewerten – von sehr gut bis mangelhaft, ausschließlich auf Basis der objektivierten Untersuchungsergebnisse.

Wir veröffentlichen – anzeigenfrei in unseren Büchern, den Zeitschriften test und Finanztest und im Internet unter www.test.de

Stiftung Warentest
Lützowplatz 11–13
10785 Berlin
Telefon 0 30/26 31–0
Fax 0 30/26 31–25 25
www.test.de
email@stiftung-warentest.de

USt-IdNr.: DE136725570

Vorstand: Hubertus Primus
Weitere Mitglieder der Geschäftsleitung:
Dr. Holger Brackemann, Daniel Gläser

Programmleitung: Niclas Dewitz

Autorin: Eugénie Zobel
Redaktion: Marieke Einbrodt, Rebecca Häfner, Katharina Henrich, Sophie Mecchia, Susanne Meunier, Dr. Bettina Sauer, Kirsten Schiekiera, Marie Schlicker, Michael Sittig, Swantje Waterstraat, Simone Weidner
Weitere Mitarbeit: Katrin Andruschow, Barbara Bückmann, Isabell Pohlmann, Dr. Gunnar Schwan
Verifikation: Sabine Vogt
Projektleitung/Lektorat: Ursula Rieth
Mitarbeit im Lektorat: Merit Niemeitz
Korrektorat: Christoph Nettersheim
Titelentwurf: Phillip Hailperin, Berlin
Layout: Martina Römer
Grafik, Satz: Sylvia Heisler
Bildnachweis: fotolia/Africa Studio (Titel)
Infografiken/Diagramme: Finanztest/René Reichelt (S. 84)
Produktion: Vera Göring
Verlagsherstellung: Rita Brosius (Ltg.), Romy Alig, Susanne Beeh
Litho: tiff.any, Berlin
Druck: pva, Druck und Medien-Dienstleistungen GmbH

ISBN: 978-3-7471-0106-3

Wir haben für dieses Buch 100 % Recyclingpapier und mineralölfreie Druckfarben verwendet. Stiftung Warentest druckt ausschließlich in Deutschland, weil hier hohe Umweltstandards gelten und kurze Transportwege für geringe CO_2-Emissionen sorgen. Auch die Weiterverarbeitung erfolgt ausschließlich in Deutschland.

Service
Alle Formulare können Sie auch kostenlos online ausfüllen. Sie finden sie unter **test.de/formulare-pflege**

Formulare
zum Heraustrennen

A **Checkliste: Pflegefall – was nun?**

B **Ankündigung von Pflegezeit**

C **Ankündigung von Familienpflegezeit**

D **Antrag auf Leistungen der Pflegeversicherung**

E **Checkliste: Pflegeprotokoll**

F **Antrag auf Einstufung in einen höheren Pflegegrad**

G **Widerspruch gegen den Bescheid**

H **Antrag auf einen Zuschuss zur Wohnraumanpassung**

I **Checkliste: Pflegevertrag prüfen**

J **Checkliste: Pflegeheim finden**

K **Patientenverfügung**

Checkliste: Pflegefall – was nun?

Gehen Sie die Checkliste Schritt für Schritt durch und streichen Sie die Punkte ab, die Sie erledigt haben. Bitte beachten Sie, dass Sie unter Umständen nicht alle Häkchen setzen müssen. Was für Sie zutrifft, hängt von Ihrer persönlichen Situation beziehungsweise der Ihres Angehörigen ab.

Vorüberlegung: Ansprechpartner finden

Sie müssen die neuen Lebensumstände nicht allein bewältigen. Denken Sie darüber nach, die vielfältigen Hilfs- und Beratungsangebote zu nutzen, die zum Beispiel die Pflegestützpunkte bieten.

Ermitteln Sie den Pflegebedarf Ihres Angehörigen

Was kann Ihr Angehöriger noch allein, was kann er nicht mehr? Wenn Sie diese Aspekte klären, können Sie besser einschätzen, wie hoch der Pflegebedarf ist.

- ☐ Listen Sie auf, was Ihr Angehöriger nicht mehr selbstständig bewerkstelligen kann.
- ☐ Sprechen Sie mit den Ärzten Ihres Angehörigen. Diese wissen, über welche Beschwernisse er klagt, und können helfen, den Pflegebedarf noch besser zu beurteilen.
- ☐ Um den Pflegebedarf Ihres Angehörigen zu ermitteln, können Sie das Pflegeprotokoll weiter hinten im Formularteil dieses Buches nutzen.

Entscheiden Sie, welche Versorgung am besten geeignet ist

Es gibt viele verschiedene Möglichkeiten, Pflege zu leisten: ambulant und stationär, mithilfe von Pflegediensten oder ausschließlich innerhalb der Familie. Welche Form geeignet ist, hängt entscheidend davon ab, wie hoch der Pflegebedarf ist und ob Angehörige in der Lage sind, die Pflegeleistungen zu erbringen. Auch emotionale Erwägungen spielen eine Rolle.

- ☐ Sprechen Sie mit der zu pflegenden Person: Was stellt sie sich für ihr Leben vor?
- ☐ Beziehen Sie Familie und Freunde ein und lassen Sie sich von Pflegefachleuten beraten.

Beantragen Sie Pflegegrad und Pflegeleistungen bei der Pflegekasse

Der Pflegegrad, in den Ihr Angehöriger eingestuft wird, hängt vom Umfang des Pflegebedarfs ab.

- ☐ Stellen Sie mit Ihrem Angehörigen den Antrag auf Pflegeleistungen schnellstmöglich bei der zuständigen Pflegekasse – schriftlich, telefonisch oder per E-Mail. Die Pflegekasse ist der Krankenkasse Ihres Angehörigen angegliedert. Sämtliche Leistungen werden erst ab dem Monat der Antragstellung gezahlt. Ist er privat versichert, müssen Sie sich an seine private Pflegeversicherung wenden.
- ☐ Nehmen Sie den Termin für eine Pflegeberatung wahr, den die Pflegekasse innerhalb von 14 Tagen nach Antragstellung anbieten muss, um wichtige Fragen zu klären.
- ☐ Bereiten Sie den Termin mit dem Gutachter vor, der die Situation Ihres Angehörigen vor Ort prüft, nachdem Sie den Antrag auf Leistungen der Pflegekasse gestellt haben.
- ☐ Nehmen Sie den Termin mit dem Gutachter wahr. Der Termin muss innerhalb von 20 Arbeitstagen nach der Antragstellung stattfinden.

- [ ] Warten Sie den Bescheid der Pflegekasse ab. Sie muss spätestens nach 25 Arbeitstagen nach Eingang des Antrags eine Entscheidung treffen, in welchen Pflegegrad der Betroffene einzustufen ist.
- [ ] Legen Sie mit Ihrem Angehörigen Widerspruch ein, wenn Sie mit dem Ergebnis des Bescheids nicht zufrieden sind. Dafür haben Sie bis zu einen Monat Zeit, nachdem Ihnen der Bescheid zugestellt wurde.

Organisieren Sie die Pflege

Leiten Sie die Pflege in die Wege, wenn Sie sich über den Bedarf und die Form der Pflege im Klaren sind.

- [ ] Bei der Pflege zu Hause: Beauftragen Sie gegebenenfalls einen ambulanten Pflegedienst, einen Menübringdienst, eine Haushaltshilfe etc.
- [ ] Bei der Pflege in einer Einrichtung: Suchen Sie einen Platz in einem Pflegeheim oder einer anderen stationären Einrichtung wie einer Pflege-WG oder einer Seniorenresidenz.
- [ ] Teilen Sie die übrigen Aufgaben wie Arztbesuche der zu pflegenden Person und Behördengänge unter Angehörigen und Freunden auf.

Regeln Sie mit Ihrem Angehörigen, wer ihn gesetzlich vertreten darf

Für jeden Menschen ist es wichtig zu regeln, wer für ihn handeln darf, wenn er nicht mehr für sich selbst entscheiden kann.

- [ ] Setzen Sie mit Ihrem Angehörigen eine Vorsorgevollmacht und/oder Betreuungsverfügung auf.
- [ ] Erstellen Sie mit Ihrem Angehörigen eine Patientenverfügung.
- [ ] Füllen Sie gemeinsam mit Ihrem Angehörigen eine Bankvollmacht bei seiner Bank aus.

Stellen Sie die Finanzierung der Pflege sicher

Welche finanziellen Hilfen es gibt, ist abhängig vom bewilligten Pflegegrad und der Art der Pflege sowie der finanziellen Situation eines Pflegebedürftigen und seiner Unterhaltspflichtigen.

- [ ] Rechnen Sie aus, wie hoch die Leistungen der Pflegekasse sind, sobald der Bescheid der Pflegekasse vorliegt, zum Beispiel Pflegegeld und Pflegesachleistungen.
- [ ] Beantragen Sie Zuschüsse für barrierefreies Wohnen und Krankenfahrten bei der Pflege- beziehungsweise Krankenkasse.
- [ ] Beantragen Sie Hilfe zur Pflege als Teil der Sozialhilfe beim zuständigen Sozialamt, wenn die Leistungen der Pflegekasse und das vorhandene Vermögen des Pflegebedürftigen und der Unterhaltspflichtigen nicht reichen, um die Kosten der Pflege zu decken.

Anschrift des Arbeitgebers

Name

Straße

PLZ, Ort

Telefon

Mobil

E-Mail

Datum, Ort

Ankündigung von Pflegezeit nach dem Pflegezeitgesetz

Sehr geehrte Damen und Herren,

hiermit kündige ich Pflegezeit an. Ich übernehme die häusliche Pflege meiner/-es nahen Angehörigen

____

(Name und Vorname der/des Pflegebedürftigen, Verwandtschaftsverhältnis)

Der Nachweis über den Pflegegrad (mindestens Pflegegrad 1)

- ☐ ist beigefügt.
- ☐ liegt vor, da ich bereits eine Freistellung in Anspruch genommen habe (Zeitraum: ______________________).

Die Pflegezeit beantrage ich

vom ____________ bis ____________

Bei Teilzeit: Für die Zeit der Freistellung beantrage ich eine Verringerung der Arbeitszeit

von bisher ____________ auf ____________ Wochenstunden.

Die Verteilung der Arbeitszeit soll wie folgt aussehen:

____________ Tage / ____________ Stunden.

Mit freundlichen Grüßen

____

Unterschrift

Anschrift des Arbeitgebers

Name

Straße

PLZ, Ort

Telefon

Mobil

E-Mail

Datum, Ort

Ankündigung von Familienpflegezeit nach dem Familienpflegezeitgesetz

Sehr geehrte Damen und Herren,

hiermit kündige ich Familienpflegezeit an. Ich übernehme die häusliche Pflege meiner/-es nahen Angehörigen

____

(Name und Vorname der/des Pflegebedürftigen, Verwandtschaftsverhältnis)

Der Nachweis über den Pflegegrad (mindestens Pflegegrad 1)

☐ ist beigefügt

☐ liegt vor, da ich bereits eine Freistellung in Anspruch genommen habe

(Zeitraum: ________________________).

Die Familienpflegezeit beantrage ich

vom ____________ bis ____________

Für die Dauer der Familienpflegezeit wünsche ich eine Verringerung der Arbeitszeit

von bisher __________ auf __________ Wochenstunden.

Die Verteilung der Arbeitszeit soll wie folgt aussehen:

____________ Tage / ____________ Stunden.

Mit freundlichen Grüßen

____

Unterschrift

Anschrift der Pflegekasse

Name

Straße

PLZ, Ort

Telefon

Mobil

E-Mail

Datum, Ort

Versichertennummer: ______________________

Antrag auf Leistungen der Pflegeversicherung

Sehr geehrte Damen und Herren,

hiermit beantrage

- ☐ ich
- ☐ ich als Bevollmächtigter von Herrn/Frau

______________________ geboren am: __________

(Name, Vorname)

wohnhaft in ______________________

____

(Die Vollmacht liegt in Kopie bei)

ab dem heutigen Tag Leistungen aus der Pflegeversicherung.

Bitte senden Sie mir alle erforderlichen Formulare zu. Darüber hinaus bitte ich um kurzfristige Begutachtung.

Mit freundlichen Grüßen

____

Unterschrift

Checkliste: Pflegeprotokoll

Ein Pflegeprotokoll hilft Pflegebedürftigen und Angehörigen dabei, den tatsächlichen Hilfebedarf einzuschätzen, und ist eine gute Vorbereitung auf die Begutachtung durch den medizinischen Dienst. Das Formular folgt den Begutachtungsrichtlinien des GKV-Spitzenverbandes und des Medizinischen Dienstes des Spitzenverbandes Bund der Krankenkassen (MDS).
Aufgeführt werden die Module 1 bis 6, die für die Einstufung in einen Pflegegrad ausschlaggebend sind. Die Module 7 und 8 sind nicht aufgeführt. Sie sollen helfen, eine bessere Versorgung sicherzustellen. Dafür haben Sie am Ende unseres Formulars Gelegenheit, weitere Anmerkungen zu machen. Kreuzen Sie bitte bei den Fragen zu den Modulen 1 bis 6 das Zutreffende an. Trifft eine Frage nicht zu, streichen Sie sie bitte. Beispiel: Wenn Sie nicht künstlich beatmet werden, können Sie die Frage danach, ob Sie sich eine Atemmaske selbst aufsetzen können, streichen.

Datum: ____________________

Name des Pflegebedürftigen: ____________________

Name des pflegenden Angehörigen: ____________________

Modul 1: Mobilität	**Kann ich ohne Probleme**	**Fällt meist leicht**	**Fällt schwer**	**Kann ich gar nicht**
Können Sie verschiedene Positionen im Bett einnehmen? Können Sie sich drehen und aufrichten aus liegender Position?				
Können Sie stabil in einer Position sitzen, also sich etwa auf einem Bett, Stuhl oder Sessel aufrecht halten?				
Können Sie beispielsweise von einem Stuhl, Sessel oder einer Toilette aufstehen oder sich etwa in Ihren Rollstuhl umsetzen?				
Können Sie sich in Ihrer Wohnung sicher fortbewegen?				
Können Sie Treppen steigen?				

Modul 2: Kognitive und kommunikative Fähigkeiten	**Kann ich ohne Probleme**	**Fällt meist leicht**	**Fällt schwer**	**Kann ich gar nicht**
Können Sie Ihnen bekannte Personen erkennen?				
Räumliche Orientierung: Finden Sie sich in Ihrer Umgebung zurecht?				
Zeitliche Orientierung: Wissen Sie, welche Uhrzeit, Tageszeit, Jahreszeit ist?				
Können Sie sich an wichtige kurz oder auch länger zurückliegende Ereignisse erinnern?				

Modul 2: **Kognitive und kommunikative Fähigkeiten**	Kann ich ohne Probleme	Fällt meist leicht	Fällt schwer	Kann ich gar nicht
Können Sie mehrschrittige Alltagshandlungen durchführen, zum Beispiel Tischdecken?				
Fällt es Ihnen leicht, Entscheidungen zu treffen, etwa, ob Sie einen Regenschirm mitnehmen oder nicht?				
Können Sie Informationen leicht verstehen, zum Beispiel Nachrichten im Fernsehen?				
Erkennen Sie leicht Gefahren, zum Beispiel im Straßenverkehr?				
Können Sie elementare Bedürfnisse immer mitteilen, zum Beispiel dass Sie Schmerzen haben?				
Können Sie Aufforderungen verstehen, etwa zum Essen und Trinken?				
Fällt es Ihnen leicht, Gespräche zu führen, zuzuhören und mitzureden?				

Modul 3: **Verhaltensweisen und psychische Problemlagen**	Nie oder sehr selten	Selten (wöchentlich oder seltener)	Häufig (2 bis 3 Mal pro Woche)	Täglich
Bemerken Sie an sich selbst motorische Auffälligkeiten, etwa Rastlosigkeit?				
Sind Sie in der Nacht unruhig?				
Weisen Sie selbstschädigendes Verhalten auf, zum Beispiel kratzen Sie sich selbst?				
Beschädigen Sie Gegenstände?				
Werden Sie anderen gegenüber körperlich aggressiv, zum Beispiel durch Schubsen oder Schlagen?				
Werden Sie anderen gegenüber verbal aggressiv, zum Beispiel durch Beschimpfen?				
Fallen Ihnen andere verbale Auffälligkeiten an sich auf, wiederholen Sie ständig bestimmte Sätze?				
Lehnen Sie pflegerische Maßnahmen ab, zum Beispiel Hilfe bei der Körperpflege?				
Haben Sie Wahnvorstellungen?				

Modul 3: **Verhaltensweisen und psychische Problemlagen**	**Nie oder sehr selten**	**Selten** (wöchentlich oder seltener)	**Häufig** (2 bis 3 Mal pro Woche)	**Täglich**
Haben Sie Ängste?				
Sind Sie antriebslos oder sogar depressiv?				
Weisen Sie sozial unangemessenes Verhalten auf? Fällt es Ihnen zum Beispiel schwer, Distanz zu wahren?				
Weisen Sie sonstiges unangemessenes Verhalten auf, verstecken Sie etwa Dinge oder nesteln Sie an Ihrer Kleidung?				

Modul 4: **Selbstversorgung und Kontinenz**	**Kann ich ohne Probleme**	**Fällt meist leicht**	**Fällt schwer**	**Kann ich gar nicht**
Können Sie sich den Oberkörper vorne waschen und abtrocknen? (Hände, Gesicht, Achselhöhlen, Arme, Brust, Hals)				
Können Sie sich kämmen, rasieren, die Zähne putzen?				
Können Sie sich den Intimbereich waschen und abtrocknen?				
Können Sie duschen beziehungsweise baden? (einschließlich Haarewaschen)				
Können Sie Ihren Oberkörper an- und auskleiden?				
Können Sie Ihren Unterkörper an- und auskleiden?				
Können Sie Ihr Essen mundgerecht zerteilen und sich Getränke eingießen?				
Können Sie selbstständig essen (Besteck benutzen, abbeißen, kauen und schlucken)?				
Können selbstständig trinken (ohne oder mit Hilfsmitteln wie Strohhalm oder Spezialtasse)?				
Können Sie die Toilette oder einen Toilettenstuhl benutzen? (Gang zur Toilette, hinsetzen und aufstehen, Intimpflege)				
Können Sie mit Harninkontinenz umgehen, zum Beispiel Urinbeutel leeren? Sind Ihnen Inkontinenzsysteme vertraut?				
Können Sie mit Stuhlinkontinenz umgehen, zum Beispiel Ihren Stomabeutel entleeren und wechseln oder Analtampons benutzen?				

Modul 4: **Selbstständiger Umgang mit künstlicher Ernährung**	Nein oder Ja, aber keine Hilfe nötig	Täglich, zusätzlich zu oraler Nahrung, Hilfe nötig	Ausschließlich oder nahezu ausschließlich, Hilfe nötig
Erfolgt Ihre Ernährung parenteral oder über Sonde? Brauchen Sie Hilfe dabei?			

Modul 4: **Kontinenz**	Meist kontinent	Oft kontinent	Oft inkontinent	Immer inkontinent
Sind Sie harninkontinent?				
Sind Sie stuhlinkontinent?				

Modul 5: **Selbstständiger Umgang mit Krankheiten und Therapien**	Kann ich ohne Probleme	Monatlich Hilfe nötig (wie oft)	Wöchentlich Hilfe nötig (wie oft)	Täglich Hilfe nötig (wie oft)
Können Sie selbstständig Medikamente einnehmen oder anwenden (zum Beispiel Tabletten, Zäpfchen, Ohren- oder Nasentropfen)?				
Können Sie sich selbst Injektionen (subcutan oder intramuskulär) setzen, zum Beispiel Insulinspritzen?				
Können Sie allein intravenöse Zugänge versorgen, zum Beispiel einen Port?				
Beatmung: Können Sie selbstständig Sekret absaugen? Können Sie sich künstlich mit Sauerstoff versorgen, etwa durch An- und Ablegen von Sauerstoffbrillen oder Atemmasken?				
Können Sie sich selbst mit ärztlich verordneten Salben, Cremes, Emulsionen einreiben beziehungsweise Kälte- oder Wärmemaßnahmen anwenden?				
Können Sie allein bestimmte Werte wie etwa Blutdruck, Puls, Blutzucker messen und deuten?				
Können Sie körpernahe Hilfsmittel selbstständig benutzen, etwa Prothesen anlegen?				
Können Sie allein Ihre Verbände wechseln, Wunden versorgen, zum Beispiel Ulcus cruris oder Dekubitus?				
Fällt Ihnen die Pflege künstlicher Körperöffnungen (Stoma) wie beispielsweise Tracheostoma, PEG, suprapubischer Blasenkatheter leicht (Reinigen, Desinfektion, gegebenenfalls Wechseln)?				

Modul 5: **Selbstständiger Umgang mit Krankheiten und Therapien**	**Kann ich ohne Probleme**	**Monatlich Hilfe nötig (wie oft)**	**Wöchentlich Hilfe nötig (wie oft)**	**Täglich Hilfe nötig (wie oft)**
Können Sie regelmäßige Einmalkatheterisierungen durchführen? Wenden Sie Abführmethoden an, beispielsweise Klistier, Einlauf und digitale Ausräumung?				
Können Sie therapeutische Maßnahmen in häuslicher Umgebung dauerhaft und regelmäßig durchführen, etwa krankengymnastische Übungen, Atemübungen oder logopädische Übungen?				
Fallen Ihnen kurze Arztbesuche leicht (weniger als drei Stunden)?				
Fallen Ihnen kurze Therapeutenbesuche leicht, zum Beispiel bei der Physiotherapie (weniger als drei Stunden)?				
Fallen Ihnen lange Besuche bei Arzt oder Therapeut leicht (ab drei Stunden)?				
Können Sie Diäten einhalten? Können Sie andere krankheits- oder therapiebedingte Verhaltensvorschriften einhalten?				

Modul 6: **Mobilität**	**Kann ich ohne Probleme**	**Fällt mir meist leicht**	**Fällt mir schwer**	**Kann ich gar nicht**
Können Sie Ihren Tagesablauf nach Ihren Gewohnheiten und Vorlieben selbst gestalten und jederzeit an äußere Veränderungen anpassen?				
Fällt es Ihnen leicht, zu üblichen Zeiten einzuschlafen beziehungsweise zur Ruhe zu kommen, etwa beim Mittagsschlaf oder am Abend?				
Können Sie sich allein beschäftigen?				
Fällt es Ihnen leicht, Pläne zu machen, also zum Beispiel einen Ausflug zu planen?				
Fällt es Ihnen leicht, mit nahestehenden Personen zu kommunizieren beziehungsweise zu interagieren?				
Fällt es Ihnen leicht, mit anderen Personen zu kommunizieren beziehungsweise zu interagieren, zum Beispiel mit Nachbarn?				

Anmerkungen

Hier können Sie weitere Angaben zu Ihrer häuslichen Situation und pflegerischen Versorgung machen. Zum Beispiel: Welche Hilfsmittel werden genutzt und welche werden nach Ihrer Auffassung noch benötigt, etwa Pflegebett, Toilettenrollstuhl, Badewannenlifter? Welche Medikamente nehmen Sie? Brauchen Sie Unterstützung bei der Haushaltsführung?

Anschrift der Pflegekasse

Name

Straße

PLZ, Ort

Telefon

Mobil

E-Mail

Datum, Ort

Versichertennummer: ______________________

Antrag auf Einstufung in einen höheren Pflegegrad

Sehr geehrte Damen und Herren,

hiermit beantrage

☐ ich

☐ ich als Bevollmächtigter von Herrn/Frau

______________________ geboren am: __________

(Name, Vorname)

wohnhaft in ______________________

____

(Die Vollmacht liegt in Kopie bei)

zu prüfen, ob die Voraussetzungen für einen höheren Pflegegrad erfüllt sind. Ich bitte um eine kurzfristige Begutachtung.

Mit freundlichen Grüßen

____

Unterschrift

Anschrift der Pflegekasse

Name

Straße

PLZ, Ort

Telefon

Mobil

E-Mail

Datum, Ort

Versichertennummer: ______________________

Widerspruch gegen Ihren Bescheid vom ______________________

Sehr geehrte Damen und Herren,

hiermit lege

- ☐ ich
- ☐ ich als Bevollmächtigter von Herrn/Frau

______________________ geboren am: __________

(Name, Vorname)

wohnhaft in ______________________

____

(Die Vollmacht liegt in Kopie bei)

gegen Ihren Bescheid vom __________ Widerspruch ein.

☐ Das Gutachten des Medizinischen Dienstes der Krankenkassen liegt mir noch nicht vor. Bitte senden Sie es mir zu.

Ich werde Ihnen nach Zugang des Gutachtens unaufgefordert eine ausführliche Begründung des Widerspruchs zukommen lassen.

Mit freundlichen Grüßen

____

Unterschrift

Anschrift der Pflegekasse

Name

Straße

PLZ, Ort

Telefon

Mobil

E-Mail

Datum, Ort

Versichertennummer: ______________________

Antrag auf einen Zuschuss zur Wohnraumanpassung

Sehr geehrte Damen und Herren,

hiermit beantrage

☐ ich

☐ ich als Bevollmächtigter von Herrn/Frau

______________________ geboren am: __________

(Name, Vorname)

wohnhaft in ______________________

____

(Die Vollmacht liegt in Kopie bei)

einen Zuschuss zur Wohnraumanpassung, um die Pflege im häuslichen Umfeld und eine eigenständige Lebensführung zu ermöglichen.

Geplant ist/sind folgende Maßnahme/n:

____

____

____

____

____

____

____

Die Maßnahme/n ist/sind erforderlich, weil:

____

____

____

____

____

____

____

Die Gesamtkosten betragen voraussichtlich: ______________ Euro

☐ Der Kostenvoranschlag liegt bereits vor.

☐ Gemäß Schätzung. Es liegt kein Kostenvoranschlag vor.

Es befinden sich mehrere Pflegebedürftige im Haushalt: ☐ ja ☐ nein

Name, Vorname	Geburtsdatum	Krankenkasse	Pflegegrad

☐ Es wurden bereits zu einem früheren Zeitpunkt Leistungen zur Verbesserung des Wohnumfeldes beansprucht.

Monat/Jahr: ______________

Kostenträger war: _______________________________________

☐ Es wurden bisher keine Leistungen zur Verbesserung des Wohnumfeldes beansprucht.

Mit freundlichen Grüßen

____

Unterschrift

Checkliste: Pflegevertrag prüfen

Wenn Sie einen Pflegedienst beauftragen wollen, müssen Sie einen schriftlichen Vertrag schließen. Prüfen Sie anhand der Checkliste, ob alles Wesentliche in Ihrem Sinne geregelt ist.

Der Vertragspartner sollte der Pflegebedürftige selbst sein.

- ☐ Achten Sie darauf, dass im Pflegevertrag der Pflegebedürftige selbst als Vertragspartner genannt wird und nicht etwa ein Betreuer oder ein Angehöriger, der die Pflege organisiert.
- ☐ Wenn Sie für den Pflegebedürftigen unterschreiben, tun Sie das mit „in Vertretung".

Der Vertrag muss alle Pflegeleistungen genau aufführen.

- ☐ Prüfen Sie, ob sämtliche Pflegeleistungen ausführlich und umfassend beschrieben sind, der Vertrag sämtliche Tätigkeiten des Pflegedienstes konkretisiert und keine Oberbegriffe wie „Grundpflege" oder „Pflege gemäß Pflegegrad 2" verwendet. Letztere sind ungenau und lassen die geschuldeten Pflegeleistungen nicht erkennen.
- ☐ Legen Sie fest, wie häufig, gegebenenfalls an welchen Tagen und zu welcher Uhrzeit bestimmte Pflegeleistungen erbracht werden sollen.

Der Vertrag muss die Kosten für die Pflegeleistungen nennen.

- ☐ Achten Sie darauf, dass die Kosten für die Pflegeleistungen genannt sind und der Vertrag ausweist, an welchen Kosten sich Pflege- und Krankenkasse beteiligen.
- ☐ Prüfen Sie, ob auch die Gesamtkosten genannt und gegebenenfalls Investitionskosten ausgewiesen sind.
- ☐ Achten Sie darauf, dass Sonn- und Feiertagszuschläge separat aufgeführt werden.

Alle Pflegeleistungen müssen dokumentiert werden.

- ☐ Prüfen Sie, ob der Vertrag festlegt, dass der Pflegedienst eine Pflegedokumentation erstellen und täglich festhalten muss, welche Aufgaben er beim Pflegebedürftigen ausgeführt hat.

Der Vertrag soll Art und Weise der Bezahlung festlegen.

- ☐ Wählen Sie als Art der Bezahlung am besten die Überweisung. Dann können Sie die Rechnung erst prüfen, bevor Sie bezahlen, und den Rechnungsbetrag gegebenenfalls kürzen, wenn Sie mit einer Leistung nicht zufrieden sind.
- ☐ Achten Sie darauf, dass der Pflegedienst keine Voraus- und Abschlagszahlungen verlangen kann.

Der Pflegedienst sollte für Schäden haften.

- [ ] Stellen Sie sicher, dass sich der Pflegedienst vertraglich verpflichtet, für Schäden einzustehen, die Mitarbeiter verursachen.
- [ ] Achten Sie darauf, dass die Haftung nicht auf Vorsatz und grobe Fahrlässigkeit beschränkt ist.

Der Pflegedienst sollte keine allzu kurze Kündigungsfrist haben.

- [ ] Achten Sie darauf, dass der Pflegedienst eine Kündigungsfrist hat, die Ihnen ausreichend Zeit lässt, einen neuen Dienstleister zu finden, zum Beispiel sechs Wochen zum Quartalsende.
- [ ] Stellen Sie sicher, dass der Pflegevertrag ruht, wenn der zu Pflegende ins Krankenhaus eingeliefert wird oder zeitweise in einer Pflegeeinrichtung betreut werden muss, und dass der Vertrag mit dem Tod des Pflegebedürftigen endet.

Der Vertrag sollte regeln, bis wann Termine abzusagen sind.

- [ ] Prüfen Sie, ob der Vertrag regelt, bis wann der Besuch des Pflegedienstes abgesagt werden darf, ohne dass Kosten entstehen. Achten Sie darauf, dass es hierzu konkrete Angaben gibt und keine Begriffe wie „rechtzeitig“ verwendet werden.

Der Vertrag sollte Regelungen zur Schlüsselübergabe treffen.

- [ ] Achten Sie darauf, dass der Vertrag vorsieht, dass eine Schlüsselübergabe schriftlich dokumentiert wird und der Schlüssel nicht in die Hände weiterer Personen gelangen darf.

Der Vertrag sollte Beschwerdemöglichkeiten nennen.

- [ ] Stellen Sie sicher, dass sich der Vertrag dazu äußert, wer Ihr Ansprechpartner bei Unzufriedenheit oder Beschwerden ist und ob es jemanden gibt, der bei einem Streit vermittelt.

Der Vertrag sollte Kooperationspartner ausweisen.

- [ ] Achten Sie darauf, dass der Pflegedienst seine Kooperationspartner nennt, falls er nicht alle Leistungen selbst erbringen kann.

Checkliste: Pflegeheim finden

Stehen ein oder mehrere Pflegeheime zur Auswahl, sollten Sie Besichtigungstermine mit der jeweiligen Heimleitung vereinbaren. Nur vor Ort können Sie feststellen, ob die Einrichtung zu Ihnen/Ihrem pflegebedürftigen Angehörigen passt. Nehmen Sie sich Zeit und stellen Sie viele Fragen an Personal, Bewohner und Leitung. Unsere Checkliste hilft Ihnen dabei. Je mehr Ja-Antworten Sie darauf ankreuzen, desto eher kommt die Einrichtung infrage.

Lage

- ☐ Ja ☐ Nein — Liegt das Heim in einer Gegend, die Sie mögen? Gefällt Ihnen die unmittelbare Umgebung der Einrichtung?
- ☐ Ja ☐ Nein — Gibt es eine gute Verkehrsanbindung? Ist die Einrichtung auch für Ihre Angehörigen, Freunde und Bekannten gut erreichbar?
- ☐ Ja ☐ Nein — Sind Ärzte, Friseur, Geschäfte, Restaurants und andere für Sie wichtige Einrichtungen fußläufig erreichbar?

Ambiente und Wohnen

- ☐ Ja ☐ Nein — Fühlen Sie sich im Heim willkommen? Hat es eine freundliche und offene Atmosphäre?
- ☐ Ja ☐ Nein — Finden Sie sich in der Einrichtung zurecht? Gibt es Orientierungshilfen?
- ☐ Ja ☐ Nein — Machen die Bewohner einen zufriedenen und gepflegten Eindruck; sind sie passend gekleidet?
- ☐ Ja ☐ Nein — Geht das Pflegepersonal respektvoll mit den Bewohnern um?
- ☐ Ja ☐ Nein — Wirkt die Einrichtung insgesamt hell, sauber und wohnlich? Duftet es frisch und reinlich?
- ☐ Ja ☐ Nein — Gibt es einen Garten, einen Park oder eine Terrasse?
- ☐ Ja ☐ Nein — Gibt es Gemeinschaftsräume?
- ☐ Ja ☐ Nein — Sind alle Räume und Zugänge zu Haus, Garten und Außenanlagen barrierefrei?
- ☐ Ja ☐ Nein — Gibt es überwiegend Einzelzimmer? Bekommen Sie eines?
- ☐ Ja ☐ Nein — Sind die Zimmer geräumig? Ist Platz für eigene Möbel oder persönliche Gegenstände? Gefallen Ihnen die Zimmer?
- ☐ Ja ☐ Nein — Können Haustiere mitgebracht werden?
- ☐ Ja ☐ Nein — Haben die Zimmer eigene Duschbäder und Toiletten?
- ☐ Ja ☐ Nein — Können Sie Wertsachen sicher aufbewahren?

Verpflegung

- ☐ Ja ☐ Nein — Ist der Speisesaal gemütlich und einladend?
- ☐ Ja ☐ Nein — Gibt es eine Cafeteria und/oder einen Kiosk?
- ☐ Ja ☐ Nein — Können Sie aus verschiedenen Speisen wählen? Werden Sonderwünsche berücksichtigt?
- ☐ Ja ☐ Nein — Wird bei Bedarf Schon- oder Diätkost angeboten?

☐ Ja ☐ Nein Können Sie jederzeit Speisen oder Getränke erhalten, auch außerhalb der üblichen Essenszeiten?

Pflege und medizinische Versorgung

☐ Ja ☐ Nein Gibt es einen festen Ansprechpartner für Sie und Ihre Angehörigen?

☐ Ja ☐ Nein Kommen regelmäßig Fach- und Hausärzte ins Haus?

☐ Ja ☐ Nein Können Sie bei Bedarf Ihre Ärzte behalten?

☐ Ja ☐ Nein Ist das Pflegepersonal qualifiziert? Können die Qualifikationen auf Wunsch eingesehen werden?

☐ Ja ☐ Nein Werden Ihre individuellen Anforderungen an medizinische Angebote und Therapien mit Ihnen besprochen?

☐ Ja ☐ Nein Wird die Pflege auf Ihre individuelle Situation abgestimmt?

☐ Ja ☐ Nein Ist ein Pflegeleitbild vorhanden?

☐ Ja ☐ Nein Wird aktivierend gepflegt?

☐ Ja ☐ Nein Sofern für Sie wichtig: Hat das Personal eine Zusatzausbildung für die Betreuung demenzkranker Menschen? Ist das Heim auf die Bedürfnisse demenzkranker Menschen ausgerichtet?

Freizeit und Veranstaltungen

☐ Ja ☐ Nein Gibt es kulturelle Veranstaltungen?

☐ Ja ☐ Nein Entspricht das Programm Ihren Interessen?

☐ Ja ☐ Nein Gibt es Angebote für Seniorensport?

☐ Ja ☐ Nein Gibt es Beschäftigungstherapie?

☐ Ja ☐ Nein Gibt es spezielle Angebote für an Demenz erkrankte Bewohner?

☐ Ja ☐ Nein Gibt es Gruppenaktivitäten?

☐ Ja ☐ Nein Werden auch Veranstaltungen außer Haus angeboten?

Ihr Gesamteindruck:

____

____

____

Anmerkungen und Notizen:

____

____

____

Patientenverfügung

Wenn ich,

(gegebenenfalls Titel) Vorname Name

Geburtsdatum Geburtsort

Straße Hausnummer, Postleitzahl Ort

zur Willensbildung oder verständlichen Äußerung meines Willens nicht mehr in der Lage bin, sollen Ärzte und Pfleger mich entsprechend der nachfolgenden Verfügung behandeln und pflegen.

1. In Todesnähe

Zutreffendes habe ich angekreuzt, nicht zutreffende Zeile(n) durchgestrichen

Wenn ich mich aller Wahrscheinlichkeit nach in einem nicht mehr abwendbaren Sterbeprozess befinde, verlange ich,

☐ **1.1** auf Maßnahmen zu verzichten, die bloß den Eintritt des Todes verzögern,

☐ **1.2** bei einem Herz-Kreislauf-Stillstand keine Wiederbelebungsmaßnahmen zu ergreifen,

☐ **1.3** mich nicht künstlich zu ernähren,

☐ **1.4** mich nicht künstlich zu beatmen,

☐ **1.5** die künstliche Zufuhr von Flüssigkeit nach dem Ermessen der Ärzte zu verringern,

☐ **1.6** durch Mundpflege, Erhöhung der Luftfeuchtigkeit und ähnliche Maßnahmen das Durstgefühl zu stillen,

☐ **1.7** Luftnot, Schmerzen, Angst, Unruhe, Erbrechen und anderen Krankheitserscheinungen entgegenzuwirken und mir dazu geeignete Medikamente zu geben, auch wenn dies die Lebenszeit unter Umständen verkürzt.

Datum, Unterschrift Verfügende/r für Blatt 1von 6

2. Bei unheilbarer Krankheit im Endstadium

Zutreffendes habe ich angekreuzt, nicht zutreffende Zeile(n) durchgestrichen

Wenn ich mich aller Wahrscheinlichkeit nach im Endstadium einer tödlich verlaufenden Krankheit befinde, verlange ich, auch wenn der Todeszeitpunkt noch nicht absehbar ist,

☐ **2.1** auf Maßnahmen zu verzichten, die bloß den tödlichen Verlauf meiner Erkrankung verzögern,

☐ **2.2** bei einem Herz-Kreislauf-Stillstand keine Wiederbelebungsmaßnahmen zu ergreifen,

☐ **2.3** mich nicht künstlich zu ernähren,

☐ **2.4** mich nicht künstlich zu beatmen,

☐ **2.5** die künstliche Zufuhr von Flüssigkeit nach dem Ermessen der Ärzte zu verringern,

☐ **2.6** durch Mundpflege, Erhöhung der Luftfeuchtigkeit und ähnliche Maßnahmen das Durstgefühl zu stillen,

☐ **2.7** Luftnot, Schmerzen, Angst, Unruhe, Erbrechen und anderen Krankheitserscheinungen entgegenzuwirken und mir dazu geeignete Medikamente zu geben, auch wenn dies die Lebenszeit unter Umständen verkürzt.

3. Bei Hirnschädigung

Wenn zwei in der Behandlung derartiger Fälle erfahrene Ärzte unabhängig voneinander zu dem Ergebnis kommen, dass ich wegen einer Gehirnschädigung etwa durch Unfall, Schlaganfall oder Entzündung oder infolge eines Herz-Kreislauf-Stillstands die Fähigkeit, bewusste Entscheidungen zu treffen und mit anderen Menschen in Kontakt zu treten, aller Wahrscheinlichkeit nach unwiederbringlich verloren habe, verlange ich die unten angekreuzten Maßnahmen, auch wenn nicht absehbar ist, wann ich sterben werde. Dies gilt auch, wenn nicht völlig auszuschließen ist, dass ich das Bewusstsein noch einmal wiedererlangen würde.

Zutreffendes habe ich angekreuzt, nicht zutreffende Zeile(n) durchgestrichen

☐ **3.1** auf Maßnahmen zu verzichten, die bloß den Eintritt des Todes verzögern,

☐ **3.2** bei einem Herz-Kreislauf-Stillstand keine Wiederbelebungsmaßnahmen zu ergreifen,

☐ **3.3** mich nicht künstlich zu ernähren,

☐ **3.4** mich nicht künstlich zu beatmen,

☐ **3.5** die künstliche Zufuhr von Flüssigkeit nach dem Ermessen der Ärzte zu verringern,

☐ **3.6** durch Mundpflege, Erhöhung der Luftfeuchtigkeit und ähnliche Maßnahmen das Durstgefühl zu stillen,

☐ **3.7** Luftnot, Schmerzen, Angst, Unruhe, Erbrechen und anderen Krankheitserscheinungen entgegenzuwirken und mir dazu geeignete Medikamente zu geben, auch wenn dies die Lebenszeit unter Umständen verkürzt.

Datum, Unterschrift Verfügende/r für Blatt 2 von 6

4. Bei Hirnabbau

Zutreffendes habe ich angekreuzt, nicht zutreffende Zeile(n) durchgestrichen

Wenn mein Gehirn durch Abbauprozesse wie etwa Demenz so weit beeinträchtigt ist, dass ich nicht mehr in der Lage bin, Nahrung und/oder Flüssigkeit auf natürlichem Weg zu mir zu nehmen, selbst mithilfe Dritter, verlange ich,

☐ **4.1** auf Maßnahmen zu verzichten, die bloß den Eintritt des Todes verzögern,

☐ **4.2** bei einem Herz-Kreislauf-Stillstand keine Wiederbelebungsmaßnahmen zu ergreifen,

☐ **4.3** mich nicht künstlich zu ernähren,

☐ **4.4** mich nicht künstlich zu beatmen,

☐ **4.5** die künstliche Zufuhr von Flüssigkeit nach dem Ermessen der Ärzte zu verringern,

☐ **4.6** durch Mundpflege, Erhöhung der Luftfeuchtigkeit und ähnliche Maßnahmen das Durstgefühl zu stillen,

☐ **4.7** Luftnot, Schmerzen, Angst, Unruhe, Erbrechen und anderen Krankheitserscheinungen entgegenzuwirken und mir dazu geeignete Medikamente zu geben, auch wenn dies die Lebenszeit unter Umständen verkürzt.

5. Organspende

Ja ☐ Nein ☐

Ich bin bereit zu Organspenden und habe einen Organspendeausweis. Es ist mir bewusst, dass Organe nur nach Feststellung des Hirntods entnommen werden können, wobei bis dahin der Kreislauf künstlich aufrechterhalten bleiben muss. Deshalb gestatte ich ausnahmsweise für den Fall, dass bei mir eine Organspende medizinisch infrage kommt, die kurzfristige (Stunden bis höchstens wenige Tage umfassende) Durchführung intensivmedizinischer Maßnahmen zur Bestimmung des Hirntods bis zur anschließenden Organentnahme.

____

Datum, Unterschrift Verfügende/r für Blatt 3 von 6

6. Vorsorgevollmacht / Betreuung

Ja ☐ Nein ☐

6.1 Ich habe neben dieser Patientenverfügung eine Vorsorgevollmacht erteilt und den Inhalt meiner Patientenverfügung mit meinem / meiner Bevollmächtigten besprochen und ihm / ihr eine Kopie ausgehändigt:

(ggf. Titel) Vorname Name

Geburtsdatum Geburtsort

Straße Hausnummer, Postleitzahl Ort

Telefon Fax E-Mail-Adresse

und

(ggf. Titel) Vorname Name

Geburtsdatum Geburtsort

Straße Hausnummer, Postleitzahl Ort

Telefon Fax E-Mail-Adresse

Der / Die Bevollmächtigte ist verpflichtet, diese Patientenverfügung umzusetzen. Ich entbinde Ärzte, Krankenhäuser und Pflegeeinrichtungen den Bevollmächtigten gegenüber von ihrer Schweigepflicht.

Ja ☐ Nein ☐

6.2 Sofern das Betreuungsgericht einen Betreuer eingesetzt hat, ist dieser verpflichtet, die Verfügung umzusetzen.

7. Widerruf und Änderung

Diese Patientenverfügung gilt, bis ich sie widerrufe oder eine andere Patientenverfügung aufsetze.

Datum, Unterschrift Verfügende / r für Blatt 4 von 6

8. Seelsorge und Beistand

Ja ☐ Nein ☐ Ich bin Mitglied der evangelischen Kirche und bitte um geistlichen Beistand.

Ja ☐ Nein ☐ Ich bin Mitglied der römisch-katholischen Kirche und bitte um geistlichen Beistand.

Ja ☐ Nein ☐ Ich bin Mitglied der folgenden Glaubensgemeinschaft und bitte um deren geistlichen Beistand:

____

Ja ☐ Nein ☐ Ich bitte darum, bei einem Hospizverein um Beistand für mich nachzusuchen.

Ja ☐ Nein ☐ Ich wünsche eine Begleitung durch:

____

9. Bei dieser Patientenverfügung wurde ich beraten von:

____

(ggf. Titel) Vorname Name

____

Geburtsdatum Geburtsort

____

Straße Hausnummer, Postleitzahl Ort

____

Telefon Fax E-Mail-Adresse

Ich habe mit dem/der Verfügenden über seine/ihre Anweisungen für den Fall der oben in Punkt 1–4 genannten Erkrankungen gesprochen. Er/Sie war bei der Entscheidung über die Patientenverfügung bei klarem Bewusstsein und hat seinen/ihren Willen hier durchdacht und in Kenntnis der Konsequenzen geäußert.

____

Ort, Datum, Unterschrift

____

Datum, Unterschrift Verfügende/r für Blatt 5 von 6

10. Arzt meines Vertrauens ist:

(ggf. Titel) Vorname Name

Straße Hausnummer, Postleitzahl Ort

Telefon Fax E-Mail-Adresse

11. Abschlusserklärung und Unterschrift

Ich habe diese Patientenverfügung nach reiflicher Überlegung und als Ausdruck meines Selbstbestimmungsrechts ausgefüllt.

Ort, Datum, Unterschrift Verfasser/in der Patientenverfügung

Ich habe meine Patientenverfügung überprüft und bestätige ihre Gültigkeit:

Ort, Datum Unterschrift Verfasser/in der Patientenverfügung

Ort, Datum Unterschrift Verfasser/in der Patientenverfügung

Ort, Datum Unterschrift Verfasser/in der Patientenverfügung

Ort, Datum Unterschrift Verfasser/in der Patientenverfügung